Manfred Hahn
Die Feuerwehrübung

Manfred Hahn

Die Feuerwehrübung

Haag + Herchen

Die Abbildungen im Buch wurden von Manfred Hahn zur Verfügung gestellt.

Bibliografische Information der Deutschen Nationalbibliothek
Die Deutsche Bibliothek verzeichnet diese Publikation in der Deutschen Nationalbibliografie; detaillierte bibliografische Angaben sind im Internet unter http://dnb.dnb.de abrufbar.

ISBN 978-3-89846-910-4

Schwarzwaldstraße 23, 63454 Hanau

Satz und Layout: mr
Umschlaggestaltung: Maria Reichenauer
Herstellung: dp
Printed in Germany

Verlagsnummer 3910

Inhaltsverzeichnis

1. Die Feuerwehrübung 9
2. Der Albträumer 12
3. Natalietta Schrotmüller 17
4. Cosi fan tutte 22
5. Tannengrün 25
6. Unheil anrichten 27
7. Das Hebelgesetz 30
8. Folgen der Ironie 33
9. Erste Hilfe 42
10. März 46
11. 1. Mai 48
12. Die Schlacht bei Parchentin 51
13. Schläge androhen 59
14. Gefährlich? 61
15. Meine Tanten 62
16. St. Tropez 66
17. Muttersorgen 72
18. Uns hat der Dichter geholfen 78
19. Verwicklungen 80
20. Im Zeltlager 82
21. Ostereier 86
22. Onkel Otto 89
23. Als Erster abgegeben 94
24. Die Finanzierungslücke 96
25. Unachtsamkeit 100
26. Gummibärchen 103
27. Der unverständige Nazi 106
28. Wetteraussichten 122
29. Das positive Denken 124

Die Feuerwehrübung

»Alle Mann sofort ans Fenster, es brennt!«

»Aber wo brennt es denn, ich sehe nichts«, antwortet Nolltes Frau, die beim Mittagmachen ist und gerade den Bratofen zum Nachbräunen des Schweinebratens noch einmal hochgestellt hat.
Nollte erwidert: »Aber es könnte ja sein, dass es brennt. Wir müssen auf den Ernstfall vorbereitet sein, wir haben die Verantwortung für unsere Kinder. Die sollen sich alle im Schlafzimmer der Reihe nach aufstellen.«

Die Frau sieht Nollte verständnislos an, doch dann besinnt sie sich. Sie hat schon so manches mit ihm erlebt und weiß, dass es besser ist nachzugeben. »Wird es nun bald!«, drängelt Nollte.
Frau Nollte macht die Haustür auf und ruft: »Kinder, kommt alle mal her und geht rauf ins Schlafzimmer.«

Marita schreit von draußen zurück: »Wir können nicht kommen, Paul hat einen Feuersalamander gesehen und den möchten wir jetzt für sein Terrarium fangen.« »Was interessiert das jetzt? Macht, dass ihr herkommt!«, ballert Nollte dazwischen. Trotzdem dauert es länger. Frau Nollte nimmt schließlich den kleinen Ernst aus seinem Kinderbettchen, knotet ihn in ein Laken ein und hängt es sich um. Inzwischen hat sie verstanden, warum ihr Mann das dicke Tau aus der Turnhalle, wo er als Hallenwart arbeitet, gestern Abend vom Dienst mitbrachte. Nollte befestigt das eine Tauende am Fensterkreuz eines Schlafzimmerfensters, und das Tau baumelt nun vom ersten Stock auf den Hof herab.

»Kommt mal alle her, wir können hier schaukeln«, ruft Willi, der zweitälteste Sohn, der viel von seinem Vater hat.

Nach einer weiteren halben Stunde – die schon fast erwachsene Tochter, die in ihrem neuen Sonntagsstaat mit ihrer Freundin auf der Hauptstraße flanierte, musste auch noch hergeholt werden – haben sich alle im Schlafzimmer versammelt und vor dem Fenster aufgestellt. Nun lassen sich die Kinder, wie sie es im Sportunterricht gelernt haben, an dem ihnen vertrauten Tau hinab.
Schließlich ist die Reihe an Frau Nollte mit dem kleinen Ernst um den Hals; aber sie traut sich nicht und hat wohl auch Angst, dass ihr kleiner Sohn bei dieser Kletterpartie zu Schaden kommen könnte.

Nach längeren vergeblichen Aufforderungen muss Nollte dies einsehen, und Mutter und Kind dürfen das Haus über die angenommen schon lichterloh brennende Treppe durch die Haustür verlassen. Nollte als Kapitän geht natürlich als Letzter vom sinkenden Schiff, wobei das Fensterkreuz, bedingt durch sein hohes Gewicht, verdächtig knarrt und sich nach außen biegt. Was ihn veranlasst, auf den Tischler zu schimpfen, der das Fenster vor 20 Jahren repariert hat.

Die ganze Mannschaft verlässt nun zur Verwunderung der mittlerweile aufmerksam gewordenen Nachbarschaft und der zufällig vorbeikommenden Passanten im Laufschritt das ›brennende‹ Haus. Paul, der älteste Sohn, der nach dem Vater der Zweitwichtigste in der Familie ist, wirft noch einen Blick zurück und bleibt plötzlich wie angewurzelt stehen: »Hilfe, es brennt bei uns, meine Lurche!«

Und es brennt tatsächlich. Dicker Qualm dringt aus dem halb geöffneten Küchenfenster heraus. Ilse Nollte fällt sofort der Bratofen mit dem Schweinebraten ein.

Alles stürmt zurück. Paul kommt als Erster an und reißt geistesgegenwärtig den inzwischen total verkohlten Braten aus dem Ofen.

Nollte selbst trifft aufgrund seiner Korpulenz als Letzter ein, der Qualm hat sich schon etwas verzogen, und er sieht seine Frau verdattert neben dem Herd stehen.

»Ilse, kannst du denn nicht aufpassen? Verdammtes Elend, wenn man nicht alles selber macht!«

Der Albträumer

Er hat einen schweren Tag hinter sich. Hart hat er kämpfen müssen, um seine berechtigten Ansprüche gegen die heute herrschende Klasse – Gott sei Dank nicht absolut herrschende – zu verteidigen. Das geht ihm nach, und er kann nicht einschlafen. Unruhig wälzt er sich im Bett herum. Endlich kommt der Schlaf. …

Er will sich einen Traktor kaufen.

Die Herren vom Besuchs- und Verratungsring*, von der Landwirtschaftskammer – und da er sowjetzonenflüchtiger Landwirt ist, auch der Sachbearbeiter von der Siedlungsgesellschaft, die bei dieser geplanten Neuinvestition alle hinter ihm stehen – wollen mit ihm heute eine Ausstellung besuchen, bei der neue Treckermodelle zur Vorführung kommen und warten schon in zwei Wagen vor der Haustür. Mit von der Partie ist auch Frau von Flötow, die Beraterin für ländliche Hauswirtschaft, eine gute Bekannte seiner Gattin …

Wie das beim Träumen nun mal passiert, vermischen sich frühere Erlebnisse mit aktuellen Problemen; so auch bei diesem schlafenden Bauern ...

---

* Spottname für »landwirtschaftlicher Versuchs- und Beratungsring«

Plötzlich erscheint ihm seine Mutter. Sie will, dass er erst noch ordentlich frühstückt, bevor er mit den fremden Herren wegfährt. Und es wiederersteht auch Onkel Otto, der Bekannte seiner Mutter, als der Bauer noch ein kleiner Junge war.

Onkel Otto ist mal wieder besoffen gewesen. Nun will er mit auf die Ausstellung, doch Oma ist wie meistens dazwischengekommen und hat ihn in seinem Zimmer eingeschlossen. Onkel Otto hatte aber vorsorglich am Abend noch, als er von der *Sonne* nach Hause kam, ein Beil mit auf sein Zimmer genommen. Nun keilt er von innen die Türfüllung raus, weil keiner ihm aufmachen will. Durch die Schläge von Onkel Ottos Beil fährt der Bauer aus seinen Träumen auf …

Aber nein, es ist nur die große Standuhr gewesen, deren Aufstellung sich seine Schwiegermutter, als sie zu ihm zog, ausbedungen hatte. Diese Bedingung hatte er annehmen müssen im Hinblick auf ihre gute Rente als Lehrerwitwe und die heute unsichere Ertragslage in der Landwirtschaft.

Die Uhr zeigt mit zwölf dumpfen Schlägen Mitternacht an, für diesmal verflucht er die Standuhr nicht. Dann schon lieber die Uhr als das elende Beil, das ihm doch noch sehr unangenehm in der Erinnerung sitzt. Und bald fährt er fort zu schlafen und zu träumen.

Die Last des gestrigen Tages muss sehr groß gewesen sein, oder sollten doch mehr Altlasten eine Rolle spielen? Denn anstatt nun endlich in einen wohltuenden Schlummer zu verfallen und süß zu träumen, streben seine Albträume dem Höhepunkt zu, sein angeborener Ordnungssinn bricht durch...

Die Berater werden mit ihren Autos auf dem Hof allmählich ungemütlich, weil es ihnen zu lange dauert. Sie wollen los, weil die Straßen nachher voll werden und sie bei der Ausstellung sonst zu sehr ins Gedränge kommen.

Der Bauer will sich aber fein anziehen, besonders auch wegen Frau von Flötow. Den Schlips hat er schon gebunden, nun sucht er noch nach seinen guten schwarzen Halbschuhen. Beim Landjugendball – in der Landwirtschaft endet die Kindheit mit neunundzwanzig Jahren und die Jugend fängt mit dreißig an – hat er sie zuletzt getragen. Danach muß seine Frau sie weggestellt haben.

Schließlich findet er die Schuhe in einer Plastiktüte im Kohlenkeller. Eine Spinne hat schon ein Netz darüber gespannt und eilt erschreckt davon. Er kann die Schuhe unmöglich in diesem Zustand anziehen: Sie sind dreckig. Auf den Schuhspitzen und besonders am Hacken haftet fest angetrockneter Lehm. Er erinnert sich, dass er Frau von Flötow nach dem Landjugendball vor zwei Monaten nach Hause begleitet hat. Es regnete, und vor ihrem Haus war der Weg aufgebuddelt.

Hastig versucht er mit der scharfkantigen Rückseite der Schmutzbürste – er hat inzwischen auch den Karton mit den Schuhputzsachen gefunden – die Lehmpartikel abzustoßen. Halbwegs gelingt es auch, und er beginnt nun mit der kleinen Bürste, die dem Auftragen der Schuhcreme dient, die schwarze Glanzcreme gleichmäßig über die Fläche verteilt aufzutragen.

Unglücklicherweise haftet an den Haaren der Eincremebürste für schwarze Schuhe aber noch rotbraune Schuhcreme; ein Familienmitglied muss die Bürste für schwarze Schuhe auch für braune Schuhe verwendet haben. Ja, wenn das man nicht wieder seine Tochter gewesen ist, als sie letzten Sonnabend ihre Rockerboots auf Hochglanz brachte.

Währenddessen geht es mit der Geduld der wartenden Berater zu Ende. Der Siedlungssachbearbeiter ist aus dem Auto gestiegen und jackelt nun am Drücker der noch nicht entriegelten Haustür, wobei er Wörter ausstößt, die der Bauer im Keller bei seinen Schuhen glücklicherweise nicht verstehen kann.

Onkel Otto ist inzwischen in seiner Zimmertür steckengeblieben, weil er bei der Größe des dort hereingehauenen Lochs seinen Bierbauch nicht mit einkalkuliert hat, und ruft mit klagender Stimme vom ersten Stock herunter: »Ich will auch mit!«

Der Bauer gerät beim Schuheputzen zusehends mehr in Stress. Der nun doch nicht ganz schwarze Schuhcremeauftrag vermischt sich jetzt – zu allem Übel – mit den stellenweise haftengebliebenen Lehmpartikeln an Spitzen und Hacken der Schuhe, und der pechschwarze Cremeauftrag gerät immer mehr zu einer eher bräunlichen schmierigen Schicht. In seiner Verzweiflung greift der Bauer viel zu früh zur Glanzbürste, aber auch bei den Glanzbürsten ist von der Familie die klare Trennung zwischen schwarz, braun und bunt nicht mehr eingehalten worden.

So droht das Schuheputzen total den Bach herunterzugehen und das ausgerechnet heute, wo doch Frau von Flötow dabei ist. Diese kräht aber nun aus ihrem Karman Ghia, den sie neben dem Misthaufen in Ermangelung eines anderen Platzes geparkt hat, heraus: »Wenn er nicht sofort kommt, haue ich ab. Ich habe schließlich was Besseres zu tun, als auf dieser stinkigen Klitsche zu warten!«

Der Siedlungssachbearbeiter hat den Türdrücker losgelassen, stürzt wieder in sein Auto und schlägt die Tür zu, dass es nur so knallt …

Schweißgebadet fährt der Bauer im Bett hoch und bemerkt dabei, wie die junge Frau von nebenan, die den missratenen Nachbarssohn geheiratet hat, gerade mit ihrem Sharan zur Arbeit fährt.

Natalietta Schrotmüller

Wie der Nachname schon darauf schließen lässt, ist Natalietta ein richtig deutsches Mädchen und nicht etwa russischer oder italienischer Herkunft. Sie ist es auch in vielerlei Hinsicht. Sie ist gerade in die zweite Klasse gekommen. Sie ist hübsch und gesund. Gut, ein ganz klein bisschen dick ist sie zwar schon; aber das macht nichts, das sind die meisten anderen in ihrer Klasse ja auch.

In Deutsch lesen sie jetzt gerade ein tolles Buch. Da kommen eine Maus, ein Schwein und ein Gockelhahn drin vor. Die drei sind Freunde und machen zusammen dolle Dinger. Sie fahren zu dritt auf einem Fahrrad. Der Hahn sitzt oben auf der Lenkstange und lenkt, das Schwein sitzt auf dem einen Pedal und die Maus auf dem anderen. Das Buch könnte gleichzeitig auch der Vorbereitung auf den Physikunterricht dienen.

Hinter dem prächtigen Eigenheim von Nataliettas Eltern fängt, in Richtung Osten, bald das Naturschutzgebiet an mit dem großen Wald. Dort mittendrin steht eine große Halle, ein Flachbau mächtigen Ausmaßes, der von den ihn umgebenden hohen Bäumen überragt wird. Da sind die anderen Gockelhähne. Nur fahren diese nicht Fahrrad, und »Hähne« ist eigentlich auch nicht die richtige Bezeichnung, denn soweit kommen sie in ihrem Leben nicht. Sie erleben nur das Hähnchenstadium, und so heißen sie bei *Putt am Grill* auch.

Natalietta weiß auch noch gar nicht lange etwas von dieser Halle. Sie ist dort noch nie gewesen, und ihre Eltern haben ihr auch nichts davon erzählt. Und wenn der Wind mal heftig aus dem Osten blies und es zu Hause mal wieder furchtbar stank, so dass man die Fenster nicht öffnen konnte, hat ihre Mutter immer auf die Bauern geschimpft, die mit ihrer Gülle soviel Gestank verbreiten und auf den Straßen ständig nur Verkehrshindernis sind. Erst kürzlich, als der Vater ihr Rechnen beibringen wollte und zwar dergestalt, dass er ihr seine Gehaltsabrechnungen zum Aufaddieren gab, war das zur Sprache gekommen .

Nataliettas Eltern haben übrigens beide ein weiches Herz. Letztes Weihnachten bekam sie von ihnen eine Miezekatze geschenkt. Sie heißt Iphigenie. Ihre Eltern haben sie aus dem Tierheim geholt, wo Tiere oft durch die Schuld hartherziger Menschen hinkommen. Iphigenie hat einen Herzfehler, so sagt der Tierarzt. Vielleicht kann man durch eine Operation noch etwas machen. Vorerst darf Iphigenie nicht unbeaufsichtigt nach draußen. Dafür trägt sie nun ein hübsches Halsband.

Natalietta hat es als Kind sehr gut und kann sich wirklich nicht beklagen. Ihre Eltern gehen mit der Zeit. Jetzt haben sie schon wieder ein neues Auto gekauft. Eine ganz geile Kiste, mit allem drin, was heute angesagt ist, so dass Papa damit ganz schön lospreschen kann. Das Auto kann und weiß auch alles von alleine mit seinem tollen Bordcomputer. Sogar wie kalt oder wie warm es draußen ist. Zukünftig braucht also kein Thermometer mehr gekauft zu werden, falls das alte irgendwann kaputt gehen sollte. Das spart.

Überhaupt sind Nataliettas Eltern sehr sparsam, auch in dieser Beziehung geben sie ein tolles Vorbild ab. Papa bringt öfter mal ein paar Hähnchen zu Mittag aus dem Betrieb mit, da braucht Mama kein Fleisch zu kaufen. Die Broiler schmecken echt klasse, wenn sie schön knusprig gebraten sind.

Die Sparsamkeit der Eltern ist auch beileibe keine Knickrigkeit. Sie müssen halt aufs Geld achten, wenn sie an all den schönen Dingen, die heutzutage geboten werden, auch teilhaben und den beiden Kindern – Natalietta und ihrem kleinen Bruder Sascha – etwas Anständiges bieten wollen. Immer wieder stehen unvermeidliche Ausgaben an. Das neue Auto war schon überfällig – die Nachbarn hatten sich im letzten Jahr bereits einen neuen Mercedes zugelegt. Und Iphigenies Herzoperation sollte auch bald erfolgen, da sollte man nun wirklich nicht sparen.

Und um noch einmal auf das Auto zurückzukommen: Was soll man heutzutage ohne funktionsfähiges Auto anfangen? Man kommt nirgends hin. Und in der näheren Umgebung – ja, um mal ehrlich zu sein – da ist nichts los, da ist der Hund verfroren. In dem sich ganz in der Nähe befindlichen Naherholungs- und Naturschutzgebiet – ausgerechnet in den Nataliettas Heimatort zugekehrten Teilbereichen – sind seit einigen Jahren sämtliche Wege gesperrt, damit Flora und Fauna sich mal wieder richtig erholen und regenerieren können. Nur die Autos, die zu Papas Fabrik müssen, dürfen auf einer eigens dafür gebauten Straße noch fahren.

Auf der anderen Seite des Ortes liegt fruchtbares Ackerland, auf dem mit allen heute möglichen Schikanen Landwirtschaft betrieben wird. Dort sollte man bekanntlich nur hingehen, wenn man unbedingt muss. Dieser fruchtbare Landstrich wird begrenzt durch den großen Fluss, in dessen nächstgelegener Krümmung das Atomkraftwerk steht.

Opa Schrotmüller hatte dort übrigens, vor dessen Errichtung, eine kleine Landwirtschaft, ganz früher auch eine Wassermühle. Dafür, dass er damals seine kleine Klitsche an die Atomkraftwerksbetreiber verkaufte, hat er eine schöne Stange Geld bekommen, womit er unter anderem das schöne Haus bauen konnte, in dem Nataliettas Familie heute wohnt.

Nun ja, aber man hat ja das Auto. Mit dem Wagen fährt Familie Schrotmüller neuerdings in das neuerrichtete Freizeitzentrum, dort ist für alle erdenklichen Aktivitäten gegen tragbare Bezahlung gesorgt. Es gibt eine Mini-Karibik- und eine Arktis-Landschaft, alles unter einem Dach – nur mal als Beispiel. Onkel Jochen arbeitet dort übrigens als Klimaingenieur in der Kühlabteilung.

Nach dem gegenwärtigen Stand der Dinge zu urteilen, steht Natalietta also eine glückliche Zukunft bevor. Sie bekommt alles, was ihr kleines Herz begehrt.

Und das alte AKW, das in letzter Zeit schon ein paarmal Dampf an der verkehrten Stelle abgelassen hat, aber immer wieder geflickt werden konnte, wird schon halten. Schließlich ist dort Nataliettas bester Onkel Hubert in der Sicherheitsabteilung als Nachtwächter angestellt und Onkel Hubert lässt bestimmt nichts anbrennen; das hat er noch nie.

Cosi fan tutte

Die mitten im Leben stehende, modern eingestellte Tochter ruft ihren antiquierten Daddy an: »Wie lange muss der Quarkkuchen backen? Ich habe ihn schon im Backofen und weiß nun nicht, wann ich ihn rausnehmen soll.« Der Alte weiß das auch nicht auf Anhieb. Erinnert sich aber, wo das in seiner Rezeptsammlung steht und verspricht seiner lieben Tochter nachzusehen und in fünf Minuten zurückzurufen. Das tut er auch.
Am anderen Ende der Leitung ertönt die Stimme der Tochter auf Anrufbeantworter: »Hier sind Birgit, Wolfram, Paula und der kleine Willibald Klinder. Wir sind leider nicht zu Hause, freuen uns aber über jeden Anruf.« Der Alte kann das nicht ab und haut den Telefonhörer auf die Gabel – seine Tochter könnte das mit ihrem tragbaren Telefon nicht –, denn er war in der Schule der Beste und hatte auch in Religion eine Eins und kann insofern die Zehn Gebote noch auswendig, so auch dass Achte: »Du sollst nicht falsch Zeugnis reden wider deinen Nächsten.« Und da er schon immer stur war und jetzt der Altersstarrsinn noch dazu kommt, richtet er sich auch danach.

Der Rechtsanwalt Cann ist seit einigen Jahren sehr erfolgreich, er hat jetzt auch Familie mit Hund, den Riesenschnauzer Harras.

Ewald Rechtski, ein langjähriger Klient von ihm, löchert ihn neuerdings fürchterlich mit seinen Moralitäten, er ist ihm total lästig geworden, er stiehlt ihm die Zeit.

Zwei Wochen vor einem wichtigen Prozess, bei dem Rechtski Kläger ist, ruft dieser Cann in seiner Kanzlei an. Die Sekretärin sagt: »Der Herr Rechtsanwalt befindet sich gerade in einer wichtigen Besprechung im Hause. Da darf ich ihn nicht stören. Wollen Sie vielleicht später noch einmal anrufen?«

Rechtski kennt das, aber er hat ja die Handynummer von seinem Anwalt und versucht es also damit. Cann meldet sich auch sofort, denn er weiß ja nicht, wer es ist. Vielleicht sogar ein neuer Fall? Als er Rechtskis Stimme erkennt, ruft er: »Herr Rechtski, ich sitze hier gerade in der Bahn und im nächsten Moment fährt der Zug durch einen langen Tunnel und ich kann Sie auf dem Handy nicht mehr verstehen. Aber ich rufe Sie sofort an, wenn ich nachher wieder im Büro bin.« Das passiert natürlich nicht.

Der Prozess wird übrigens von Rechtski gewonnen. Die Gegenseite hatte sich nur an die nackte Wahrheit gehalten.

Es ist 17.30 Uhr, eigentlich soll jetzt sein Zug abfahren. Der vor kurzem nach Deutschland umgesiedelte, unserer Sprache noch nicht ganz mächtige Deutschrusse Wladimir Meyer eilt im Laufschritt über den Bahnhofsvorplatz. Ein ICE verläßt gerade dröhnend die große Bahnhofshalle. Aus den Lautsprechern ertönt gleichzeitig:

»Der ICE Annette von Droste-Hülshoff, planmäßige Abfahrt 17.30 Uhr, verspätet sich heute um 15 Minuten wegen eines außerplanmäßigem Nothalts, weil ein Hirsch auf dem Gleis stand.«

»Der ist weg«, sagt Meyer sich, hört auf zu laufen, macht kehrt und geht wieder in die Kneipe, wo er gerade hergekommen ist und gießt sich noch einen hinter die Binde. Von seiner Anuschka, die es nicht vertragen kann, wenn er zu spät nach Hause kommt, kriegt er ja sowieso welche mit dem Nudelholz.

Tannengrün

Tannengrün muss nicht unbedingt von der Tanne sein, aber Ende November kurz vor Totensonntag sollte man welches haben. Es kann natürlich auch von den verschiedenen Sorten Edeltanne stammen, das wäre sogar noch schöner. Aber die sind meistens eingezäunt. Was auch gut geht, sind Fichten. Aber Kiefern nicht. Da gibt es zwar ganz viele, aber das sieht auf dem Grab aus, als hätte man sich nicht richtig gekämmt.

Der Totensonntag rückt näher. In der HO gibt es wieder nichts Grünes und im Konsum auch nicht, und zum Förster haben wir keine Beziehungen.

Da, wo der See ganz schmal und tief ist, am Hals, geht der Wald bergauf. Hier wachsen viele kleine Fichten – als Tannenbaum könnte man manche davon auch noch gebrauchen.
Mutti und Tante Wiekers fahren mit dem Fahrrad zusammen mit mir dorthin. Auf dem Gepäckträger haben sie Säcke, und ich sitze bei Mutti, die Onkel Ottos Rad genommen hat, vorne auf der Stange. Pustekuchen, überall, wo man drankommen kann, sind die Zweige schon abgeschnitten. Die kleinen Fichten ähneln entfernt gerupften Gänsen – woran auch noch gedacht werden muss, denn Weihnachten steht vor der Tür.

Tante Wiekers muss sich bücken, und Mutti setzt mich auf ihre Schulter und drückt die eiserne Baumschere in meine kleine Hand. Mit dem linken Arm schnüre ich Tante Wiekers den Hals ab, aber die ist stabil. Auf diese Weise kommen wir weiter oben an die Zweige ran, und die betroffenen Fichten sind nur noch als Stangenholz zu gebrauchen.

Es ist in diesem Jahr schon ziemlich kalt, und meine kleinen Finger werden klamm. Und nun muss auch noch der Förster unten auf dem Weg ankommen. Hat er uns gesehen? Schnell alles abgeschnittene Grün in die mitgenommenen Säcke gesteckt und flugs in das kleine Häuschen der Gaststätte *Seebad*, wo die Toiletten drin sind. Wir laufen dem Förster zwar direkt über den Weg, aber in die Damentoilette darf er nicht rein, und ich bin noch sächlich.

Es ist wieder sehr schönes Tannengrün, das wir geholt haben. Am nächsten Tag gehen wir damit auf den Friedhof. Da sind auch noch andere mit solchen Säcken. Wir decken die Grabhügel von Oma und Opa damit ab.

Für Tante Frieda, Opas unverheiratet gebliebene Schwester, reicht es nicht mehr ganz. Warum ist sie auch immer so *äpsch* gewesen, dass sie keinen abgekriegt hat. Hübsch genug wäre sie gewesen.

Unheil anrichten

Ein gutes Gewissen ist ein sanftes Ruhekissen, so sagt man. Da ist wohl auch was dran, denn mitunter fährt er aus dem Schlaf hoch und sieht die Nachtmütze und hört die Schreie.

Damals, als es passierte, war er beruflich in Ostholstein in der Nähe eines großen Sees, durch dessen Länge die Zonengrenze ging. Keiner konnte mit dem Kahn vom Westufer zum Ostufer fahren und umgekehrt schon gar nicht. Folglich gab es auf dem See kaum Kähne und wenig Menschen. Die Fische und Vögel kümmerten sich natürlich nicht um die Grenze, und somit stellte der See ein natürliches Naturschutzgebiet dar, was selten ist.

Er befand sich zu der Zeit »in sine Stromtid«, um mit Fritz Reuter zu sprechen. So auch Gerhard. Er hatte ein Auto, einen VW, noch mit geteilter Heckscheibe und Winker, was auch Rückschlüsse darauf zulässt, wie lange das alles nun schon her ist.

Mit diesem Auto waren sie beide mal wieder auf Achse. In der dritten Kneipe waren auch zwei, und schnell saßen sie zu viert. Die beiden Mädchen erzählten, dass sie zwar einen Freund hätten, aber mit beiden sei nicht viel los, wirklich in keiner Hinsicht, und sie hätten die Faxen jetzt dicke. Und um dabei zu bleiben, sie waren beide an den richtigen Stellen (zweimal vorne mehr oben und zweimal hinten mehr unten) schön dick. Aber in dieser Form sagt man es wohl doch nicht. Weil es so schön ist, gibt es so viele andere schöne Wörter dafür.

In dem zum Altenheim umgebauten Schloss am See wären die Mädchen in der Küche angestellt und würden dort auch wohnen. Alle tranken Bier. Die Mädchen allerdings etwas weniger. Dazwischen gab es noch ›Barackenwhisky‹, ein Gemisch aus Korn und Apfelsaft, immer alle zusammen und auf ex, und als der Abend – besser gesagt die Nacht – immer schöner wurde, stimmten sie gemeinsam das Lied an: »So ein richtiger Bauernlümmel, der hat viel Speck am…«

Sie brachten die beiden Mädchen dann mit dem VW nach Hause in ihr Schloss, und im Auto – ja, man muss sagen – das Lied blieb entschieden der Höhepunkt. Er hatte die Hände am Steuer, also nicht frei. Vom Rücksitz, wo Gerhard mit der anderen saß, war auch nichts zu hören. Beim Schloss angekommen, verabschiedeten sie sich artig. Und die beiden Mädchen verschwanden.

Da standen sie nun. Am östlichen Himmel der DDR war schon ein erster Lichtschimmer von der aufgehenden Sonne zu sehen, und ein leichter kühler Wind, der nach Wasser roch und all dem anderen sonst im Mai, fuhr ihnen in die Nase und in den vernebelten Verstand.

Im Obergeschoss des Schlosses ging in zwei Fenstern das Licht an. Vor ihnen im Erdgeschoss stand ein Toilettenfenster auf, und eine Dachrinne verlief daran entlang. Ohne groß nachzudenken, waren sie im Schlossinnern, stürmten die breite Herrentreppe hoch und drangen in die vermeintlichen Zimmer der Mädchen ein. Er fand auch gleich das Bett, und da war nun besagte Nachtmütze. Weiß war sie. Viel mehr war nicht zu erkennen. Ein Weiß der Zähne gab es nicht.

Wieder auf dem großen Flur, stürzte auch Gerhard gerade aus einer Tür. Irgendeiner schrie und noch einer, und am entgegengesetzten Ende des Korridors fing es laut an zu rumoren. Sie erreichten glücklich wieder das offene Toilettenfenster, und Gerhard riss sogar noch die Rolle Klopapier vom Haken. Dann auf dem schnellsten Wege wieder raus aus dem Schloss, genau wie reingekommen.

Das Auto stand bereits in Fluchtrichtung. Er musste es nach alter Gewohnheit schon gewendet haben, als sie ankamen, was die beiden Mädchen wohl vollends durcheinandergebracht hatte. Gerhard wickelte noch schnell Toilettenpapier um das Rückschild, und weg waren sie.

Am nächsten Morgen fing das Kartoffelpflanzen an und Sie glauben nicht, wie man im Mai bei entsprechendem Wetter frieren kann, wenn man auf den damals gebräuchlichen halbautomatischen Kartoffelpflanzmachinen den ganzen Tag über stillsitzen muss und nur die Arme im Rhythmus des Taktgebers leicht hin und her bewegt, um die Saatkartoffeln in die Pflanzröhre fallen zu lassen.

Das Hebelgesetz

Der Kampf um einen Arbeitsplatz nimmt immer härtere Formen an. Wer Arbeit hat, kann sich glücklich schätzen. Verrückte Zeiten. Früher war man froh, mit der Arbeit fertig zu sein. Politik in der Schieflage kann man da nur sagen. Diejenigen, die viel Arbeit haben, sollen denen, die keine haben, welche abgeben. Welch großartige Idee zur Rettung der Nation, wie ausgezeichnet zugeschnitten auf die menschliche Natur! Wie wäre es, wenn man überhaupt erst einmal anfinge zu arbeiten, anstatt nur darüber zu reden. Arbeit schafft neue Arbeit. Sie vermehrt sich aus sich selbst heraus. Dazu hier folgend ein Beispiel.
Sie sind mit dem breiten Gummiwagen mit den schmalen Achsen zur Kartoffelmiete gefahren: Hans-Heinrich, der 19jährige Landwirtschaftslehrling und Fritz, der 45jährige Deputatarbeiter. Ein Stück der Miete wird aufgedeckt, und mit den speziellen Kartoffelforken, deren zehn Zinken alle mit einem Knauf enden, damit die Kartoffeln nicht verletzt werden, fangen sie an aufzuladen. Es ist klassische körperliche Arbeit – urgesund. Kein Fitnesscenter heutzutage kann auch nur Annäherndes bieten. Fritz smökt eine Roth-Händle dabei, ohne sie aus dem Mund zu nehmen.

Nachdem er mit dem Rauchen fertig ist, fängt er wieder an anzugeben. Wie meist erzählt er Weibergeschichten und macht

Hans-Heinrich damit den Mund wässrig: »Weißt du, im Krieg in der Ukraine hatte ich mal eine, bei der habe ich im Bett gelegen und mit meinem großen Zeh an den Brustwarzen gerubbelt. Das mochte die gerne.« Und dabei grinst er Hans-Heinrich an. Dieser sehnt sich Tag und Nacht so sehr danach, auch mal ein Mädchen zu haben. Immer nur Fehlversuche. Immer nur Stottern und Schwitzen beim Tanzen. Auf dem letzten Dorfbums hätte es beinahe geklappt, als er von seinem neuen VW erzählte, aber dann ist er ihr aus Versehen auf den Fuß getreten, und ihr Blick fiel auf sein rechtes Hosenbein, wo er die Fahrradklammer hatte vergessen abzumachen.

Fritz weiß das alles, und er steckt sich genüsslich noch eine Roth-Händle an. Immer erst einmal den Qualm in die Lunge und beim nächsten Atemzug die frische Landluft. Das härtet ab. Hans-Heinrich schwingt die Forke, und die Kartoffeln fliegen in hohem Bogen an Fritzens Nase vorbei auf den Wagen. Der muss mithalten. Der Arbeitstakt muss eingehalten werden, sonst stoßen sie mit den Forken zusammen. Auf diese Weise wird die Arbeit schnell fertig. Zwei gute Landarbeiter, und der Bauer kommt auf seine Kosten. Die Kartoffeln kommen sogar völlig unnötigerweise schon auf der entgegengesetzten Seite des Wagens zu liegen.

Bald ist die Miete soweit verkürzt, dass der Wagen umgedreht werden kann. Fritz darf auf den Trecker. Er ist stolz und macht seine Sache gut. Zum Führerschein hat er es noch nicht gebracht. Im Krieg war er Infanterist, und das ist er geblieben. Hans-Heinrich sieht zwar, dass der Gummiwagen eigentlich an der falschen Seite überhängt; aber das dringt nicht so recht in sein Bewusstsein, bringt ihn nicht zum Nachdenken. »Haben wohl wieder die Reifen nicht richtig aufgepumpt«, registriert er allenfalls. Mit seinen Gedanken ist er noch bei den Mädchen.

Das Aufladen geht nun gemächlicher vonstatten. Besonders Fritz ist etwas aus der Puste, und die Kartoffeln kommen auf der ihnen zugekehrten Wagenseite zu liegen – wie es eigentlich auch gedacht ist.

Fritz hat sich wieder eine angesteckt, und Hans-Heinrich träumt weiter von den Mädchen. Der Märzwind bringt den Geruch der an den Acker angrenzenden Kieferschonung mit, und Wildgänse fliegen in Keilform nach Schweden.

Der Wagen wird relativ schnell voll, und schon kullern die ersten Kartoffeln über den Rand wieder zurück. Jäh werden sie aber aus ihren Träumen gerissen, denn plötzlich kommt der Wagen hinten hoch. Sie können beide gerade noch wegspringen.

Nun ist die Miete wieder fast so lang wie vorher, der Gummiwagen steht mit zwei Rädern in der Luft, die Deichsel ist total verbogen, der Trecker liegt auf der Seite und der Sprit läuft aus. Wenn das nicht mehr als genug neue Arbeit ist, sogar für Handwerk und Industrie bestens geeignet.

Folgen der Ironie

Ironie lag mir schon im ausgehenden Knabenalter, in etwa so, wie andere geschlechtsreif werden.

Als Beruf fiel mir Landwirt zu. Im Zuge meiner Ausbildung kam ich in verschiedene landwirtschaftliche Betriebe, so auch auf den Hof des Bauern Hans-Joachim Gutseel irgendwo im Norddeutschen. Bauer ist eigentlich nicht der richtige Ausdruck, denn darunter versteht man wohl einen einfachen Mann – und das war Gutseel beileibe nicht. Wie auch sein Hof nicht nur ein Bauernhof war, sondern eher eine Art Besserungsanstalt für gestrauchelte Existenzen.
Gutseel war gleichzeitig auch Bürgermeister des Dorfes und viel unterwegs auf Vortragsreisen. Kurz, er war ein vielbeschäftigter wichtiger Mann. Die Drecksarbeit überließ er seinem Sohn Johannes, einem zurückhaltenden noblen Menschen, der leider sehr früh gestorben ist, und Fritz, dem Deputatarbeiter, einem ebenso pfiffigen wie anständigen Kerl.

Als Schweizer*, der ebenfalls auf dem Hof gebraucht wurde, war gerade wieder mal eine gestrauchelte Existenz namens Peti eingestellt worden.

---

* Melker

Ausgerechnet da kam ich nun mit meiner ganzen Ironie und jugendlichen Unerfahrenheit auch noch dazwischen.

Ich besaß damals ein Moped, ein schönes Gefährt, um das ich viel beneidet wurde. Peti fuhr auch gerne Moped, aber er hatte keines. Peti hatte übrigens »ganz schön was in der Weste«. Er ernährte sich auch entsprechend. Zwanzig Eier am Tag und dazu die frische Milch en gros – beides gab der Hof umsonst für ihn her – brachten da einiges.

Peti trainierte darauf; an jedem kleinen Finger eine Milchkanne mit zwanzig Litern zu stemmen, immer abwechselnd hoch damit und wieder runter. Ich habe ihm oft dabei zugesehen. Seine ›Muckis‹ quollen unter seiner kurzärmeligen gestreiften Melkerbluse dann nur so hervor.

Wie schon vorauszusehen, wollte Peti mangels eines eigenen immer mit meinem Moped fahren. Ich hatte nichts dagegen und lieh es ihm gerne. Eines Tages aber sagte Herr Gutseel zu mir: »Du darfst ihm das Moped nicht geben, er hat keinen Führerschein.« Daran hielt ich mich natürlich, denn für Ordnung bin ich sehr.

Am nächsten Tag fuhr ich mit dem Moped in die Badeanstalt im Nachbardorf. Auf dem Rückweg machte es auf halbem Weg schlapp. Der Schlosser, zu dem ich es in Reparatur gegeben hatte, teilte mir mit: »Da muss Ihnen einer Zucker in den Tank geschüttet haben!«

Den Zusammenhang kann man sich denken. Peti trieb am nächsten Morgen, nachdem er mit dem Melken fertig war, die Kühe wieder auf die Weide. Gehorsam trotteten sie, eine nach der anderen, über den Hof. Da habe ich ihn angemacht: »Peti, frag doch mal deine Frau, ob ihr nicht eine Tüte mit Zucker in der Speisekammer fehlt?«

Meine Bemerkung kann er nicht als witzig empfunden haben, denn mit dem Kopf voran ging er auf mich los. Zu dieser unerwartet heftigen Reaktion mag auch noch ein anderer Umstand beigetragen haben. Peti hatte mich ohnehin schon ›auf dem Kieker‹. Er wurde nach Leistung bezahlt. Die Menge der von ihm ermolkenen Milch hatte also entscheidenden Einfluß auf seine Lebensgestaltung.

Wieviel Milch eine Kuh gibt, hängt in erster Linie bekanntlich davon ab, wieviel gutes, gehaltvolles Futter sie bekommt. In dieser Hinsicht war meine Person von Bedeutung, denn mir oblag die Speicherverwaltung. Peti bekam täglich von mir eine bestimmte, genau abgemessene Menge an Kraftfutter (Kleie und auch schon diese kleinen Korken aus den Futtermittelfabriken) zugeteilt. Anders kann dieses System ja auch nicht funktionieren. Gern hätte er immer noch ein paar Schaufeln mehr genommen, was er mir gegenüber auf die verschiedenste Weise auch schon zum Ausdruck gebracht hatte. Aber da hatte er bei mir auf Granit gebissen.

Diese eigentümliche Sturheit habe ich mir bis heute nicht völlig abgewöhnen können, unter anderem wohl auch dank der Gutseelschen Besserungsmethoden. Wenn ich auch als Lehrling kaum etwas verdiente, so nahm ich doch eine Vertrauensstellung ein und besaß Ansehen bei den auf dem großen Bauernhof arbeitenden Leute. Zu Zeiten der Ernte und ihrer Aufbereitung waren bei Arbeitsspitzen etwa zehn bis fünfzehn Menschen auf dem Hof beschäftigt.

An besseren Tagen wurde an einer gemeinsamen großen Tafel gegessen. Zu trinken gab es bei solchen Gelegenheiten meist Kräftlinger Bier, und auf der großen Tafel kamen an jenem Ende, wo Gutseel selbst saß, die Flaschen mit den Goldverschlüssen zu stehen, das Kräftlinger Edelpils. Ansonsten überall Kräftlinger Pils, der Flaschenhals mit Silberpapier umwickelt. Beide schmeckten übrigens gleich. Die Mädels wussten beim Aufdecken Bescheid, und jeder kannte seinen Platz. Meiner befand sich ganz in der Nähe von Gutseel, im Bereich der Goldverschlüsse. Selbst Fritz bekam nur das einfache Pils mit dem Silberpapier. Und was die Besserungskandidaten, wie zum Beispiel Peti, anbelangte, hatten diese an dieser Tafel selbstverständlich überhaupt keinen Platz, was allerdings nicht bedeutete, dass sie kein Bier getrunken hätten.

Einmal jedoch musste ich meinen Platz räumen. Es gab ein großes Herbstmanöver, unter anderem auch in Gutseels Fluren, verbunden mit Flurschäden und allem, was sonst noch dazugehört. Anschließend waren die jungen Offiziere der Bundeswehr in das Domizil des Bürgermeisters zu Abend geladen und Gutseels vier ansehnliche Töchter waren natürlich mit von der Partie.

Doch zurück zum eigentlichen Thema und Petis Angriff. Ich trainierte damals auf Leichtathletik und rannte ohne viel nachzudenken im Slalom, an den Schwänzen der Kühe Halt suchend, vor Peti davon und steuerte, als ich um die vorderste Kuh herum war, geradewegs auf das Haus des Dorfpolizisten Peters zu. Als ich dort atemlos ankam, saß dieser gerade mit seiner Frau und seinen beiden sehr hübschen, sich im heiratsfähigen Alter befindenden Töchtern beim Frühstück.

Alle starrten mich an wie ein Auto. Mit überschnappender Stimme berichtete ich von meinem Verfolger. Meine Erregung übertrug sich aber nicht. Schließlich fragte die eine Tochter: »Wo isser denn?«, und die andere: »Ja, wo ist er denn?« Die Frage war durchaus berechtigt, Peti war mir nicht ins Frühstückszimmer gefolgt. Auch vor der Tür stand er nicht. Er hatte den Wettlauf schnell aufgegeben und war hinter den Kühen hergegangen auf die Weide, was ja auch seine eigentliche Aufgabe war.

Auf dem bald darauffolgenden Schützenfest konnte ich bei den Mädchen nichts ausrichten, und auch auf ähnlichen Festlichkeiten in den Nachbardörfern ging es mir nicht besser.

Peti musste dann bald den Hof verlassen. Irgendetwas hatte er mit den Kühen falsch gemacht, denn sie bekamen alle eine Euterentzündung. An seiner Statt kam Dieter. Dieter hatte viel Ähnlickeit mit Peti, war aber nicht ganz so stark. Ich hatte übrigens das Stemmen der vollen Milchkannen, das ich mir bei Peti abgeguckt hatte, unterdessen auch angefangen; zwar nicht mit dem kleinen Finger, aber hoch kriegte ich die Kannen auch.

Dieter war noch sehr jung, nicht viel älter als ich. Er war ein quirliger Kerl, um nicht zu sagen ein Querulant. Nichts, was in diese Richtung ging, konnte er lassen. Das hatte er nicht gelernt. Warum wohl hatte er gesessen? Man fragt sich auch, ist dieses »auch mal etwas lassen können« nicht eigentlich »ein Mensch sein« überhaupt? – So wollte ich aber ursprünglich nicht schreiben. Das ist zu hochtrabend, das verfängt sich. Dann schon lieber Wilhelm Busch zitieren: »Das Gute – dieser Satz steht fest – ist stets das Böse, was man lässt.«

Wie dem auch sei, Dieter hörte nicht auf herumzustänkern. Eines Morgens, als er mit dem Ausmisten, der Fütterung der Kühe und dem Melken fertig war, kam er an meinen Arbeitsplatz. Das war eine gefährliche Zeit auf dem Hof, weil die anderen zu diesem Zeitpunkt nicht da waren. Nur leider habe ich das zu spät beachten gelernt.

Ich musste die ermolkene Milch vom gestrigen Abend und die vom Morgen in Flaschen füllen. Jede Flasche hatte ich dann mit einer Kappe aus dünner Aluminiumfolie mit darauf befindlicher Werbung für die Gutseelsche Frischmilch zu verschließen. Dazu gab es ein Gerät, dessen Kopf über den Flaschenhals passte, mit einem Drehpunkt und zwei auseinanderstrebenden Hebeln. Ein nicht allzu kräftiger, aber geübter Druck gleichzeitig auf die beiden Hebel führte dazu, dass die Flaschen zu waren.

»Wilfried, lass mich mal, ich kann das auch«, drängt Dieter, und ich geb ihm das Ding. Rums, klirr – kurz darauf liegen die Glasscherben auf den Fliesen, und die Milch schwimmt drumherum. Dieter versucht es noch einmal, wieder dasselbe Ergebnis. Es ist auch nicht zu erkennen, dass er sich irgendwelche Mühe dabei gibt. Beim dritten Mal lässt er Flasche und Gerät gleich so fallen, ohne überhaupt anzusetzen. Ich hebe das Gerät auf und nehme es somit wieder an mich.

Dieter fordert: »Gib das Ding wieder her!« Jetzt schwillt auch mir der Kamm. Ich denke wohl an die Mädchen und gebe das Ding nicht wieder raus, und schon haben wir uns ineinander verkrallt. Den Kühlraum mit den Glasscherben müssen wir aber verlassen haben, und unser Ringkampf fand in der angrenzenden Scheunendiele auf den dort aufgereihten Kartoffelsäcken statt. Wie es dazu kam, kann ich mir bis heute nicht so recht erklären. - Es muss so etwas wie Arterhaltungstrieb gewesen sein, der uns beiden wohl innewohnte. Im Tierreich führen solche Balzkämpfe ja auch selten zu schweren Verletzungen.

Dieter war stark, doch ich war stärker – wozu Milchkannen doch überall gut sind … Bald hatte ich ihn untergekriegt. Bestrafen wollte ich ihn aber nicht. So was habe ich nie getan. Immer war da so ein Gefühl, dass mir die Befugnis dazu fehlt, und auch eine Abscheu vor Grobheiten. In diesem Fall aber wohl ein Fehler. Man hätte ihn besser ordentlich verprügeln sollen.

Denn nicht lange darauf wollte Dieter mir wieder beim Milchabfüllen helfen. Wieder morgens um die gleiche Zeit, als die anderen nicht da waren. Es fing alles genauso an. Aber dann war da mit einem Mal das Messer. Ich weiß noch genau, wie es aussah: Taschenmesser, silbriger Griff und die große Klinge geöffnet, denn ich habe es heute noch manchmal vor Augen.

Wieder war ich der Schnellere. Ich rannte über den Hof und dann die breite Treppe des großen Amtshauses hoch. Oben auf dem Hausboden ist der Hühnerstall, so schoss es mir durch den Kopf – ich hatte oft genug dort ausmisten müssen – und der riesige Schornstein mit mehreren Zügen mittendrin und ein großer alter Schrank, quasi als Verlängerung an ihn gelehnt. Es muss so etwa vier Meter in eine Richtung gewesen sein. (Wir waren neulich mal in dem Dorf, und ich wollte mir das alles noch mal ansehen, denn das Haus ist ja noch da und nichts umgebaut worden. Aber im letzten Moment fehlte mir der Schneid, dort anzuklopfen.)

Ich also zu diesem Rundlauf. Dieter mit seinem Messer mir nach. Schnell bin ich hinter dem Schornstein und gucke. Er auch zum Schornstein, wo ich bin. Ich also die vier Meter lang zur anderen Ecke. Wieder geguckt. Dieter will auch in diese Ecke. Wieder um die Ecke und geguckt. Diesmal bleibt er schelmisch grinsend stehen - glaubt wohl, ich laufe ihm ins Messer. Ich behalte die Übersicht, außerdem trage ich vorschriftsmäßig meine Arbeitskleidung, sprich die Gummistiefel. Die bewähren sich im knöchelhohen Hühnermist. Dieter hingegen bekommt mit seinen Sambalatschen, die er seit dem gestrigen Abend wohl nicht gewechselt hat, zusehends Schwierigkeiten.

Herr Gutseel brauchte an dem Tag glücklicherweise zu keiner Vortragsreise, und seine ganze Aufmerksamkeit stand dem Betrieb zur Verfügung. Er hatte uns die Treppe hinauflaufen sehen, und einen sechsten Sinn besaß er wohl auch. Er erschien mit seinem Revolver in der offen stehenden Bodentür. Und so schnell, wie sie angefangen hatte, ging die Jagd um den Schornstein zu Ende.

Wo aber war nun das Messer? Diese Frage stellte sich meiner Meinung nach. Ich wollte das *corpus delicti* finden und benötigte das nächste Mal für das Ausmisten des Hühnerstalls die dreifache Zeit. Ich beförderte den peekschen* Hühnermist in möglichst kleinen

---

* fest zusammengeklebten

Klumpen in das eigens für die Hochboden-Hühnerhaltung umfunktionierte Heugebläse, unter dessen Auslauf der Miststreuer zum Empfang aufgestellt war. Aber nein, trotz aller Mühe fand ich kein Messer.

Gibt es das Messer nur in meinem Kopf? Meinen Ruf als Feigling wurde ich nicht los. Aber so schlimm war das nicht, denn bald darauf kam ich auf einen anderen Hof in einer ganz anderen Gegend – und da wusste ja keiner von der Geschichte.

Es geht hauptsächlich darum, was ich selbst von mir denke. Es war keine Feigheit, sondern Vorsicht, und Vorsicht ist die Mutter der Porzellankiste. Wäre ich vor dem Messer nicht weggelaufen, wäre mir vielleicht etwas Schlimmes passiert. Und die Kraftfutterausgabe hätte dann ein anderer in die Hände bekommen, der für diese Aufgabe weniger gut geeignet gewesen wäre.

Mit ›wäre‹ und ›hätte‹ kann man sein Gewissen gut flicken.

Erste Hilfe

Diese etwas unwirklich erscheinende Geschichte soll sich im Winter 1944 auf einem Gut in Brandenburg östlich von Berlin zugetragen haben.

Ein klarer frostiger Tag. Fritz ist aus gesundheitlichen Gründen nicht an der Front und muss beim Nährstand aushelfen. An diesem Morgen sollen sie – Fritz, ein weiterer vom Kriegsdienst Suspendierter, zwei russische Kriegsgefangene und die Stute Liesel mit anhängendem Wagen – auf einem entfernten Schlag zu hohe Büsche roden. Plötzlich scheut Liesel. Vor ihr liegt einer quer über dem Weg. Er schlottert vor Kälte mit seinen mageren Gliedern. Nur ein Oberhemd hat er an. Es ist ein jämmerlicher Anblick. Im Näherkommen erkennen sie eine dicke, blaurot gefärbte Nase – und er lächelt auch noch in dieser jammervollen Lage. Sie geben ihm erstmal einen ordentlichen Schluck aus der Feldflasche, und nun fängt er an zu erzählen. Aber man versteht kein Wort.

Fritz hat heute morgen wegen der Kälte – und auf langen Strecken mit dem Pferdewagen friert man besonders – noch einen alten Mantel, von denen genügend auf dem Gutshof herumhängen, zusätzlich übergezogen. Diesen Mantel zieht er aus, denn sie werden, nachdem der Inspektor auf seiner Kontrollrunde erst einmal durch ist, sowieso am Feuer, das sie mit dem gerodeten Gebüsch machen werden, sitzen und sich wärmen. Und da er praktischer veranlagt ist als der heilige Martin, trennt er den Mantel nicht etwa in der Mitte durch, so dass keiner von beiden etwas davon hat, sondern überlässt ihn ganz und gar dem armen frierenden Mann. Seine Umsicht geht sogar so weit, dass er, derweil kein Schal vorhanden ist, dem armen Kerl den Mantel von vorne überzieht und ihn auf dem Rücken zuknöpft. Auf diese Weise liegt der Kragen am besonders empfindlichen Hals eng an, und die Kälte kann ihm dann so leicht nichts mehr anhaben. Worauf ein mitfühlend Herz, gepaart mit gesundem Menschenverstand, doch alles kommen kann …

Ansonsten müssen sie nun weiter zu ihrem Gestrüpp und den Schlotterjochen seinem Schicksal überlassen. Nachdem sie eine Weile mit Beil und Säge dem Gestrüpp zu Leibe gegangen sind, kommt wie erwartet Hans, der Gutsinspektor, auf seiner NSU an. Mit der Flächenleistung ist er zufrieden und wird nun, wie in solchen Fällen immer, leutselig. Er erzählt, dass er mal wieder Erste Hilfe geleistet hat. Auf dem Weg hätte ein Trunkenbold gelegen. Der müsse so unglücklich hingeknallt sein, dass er sich den Kopf dabei total verdreht hat. Er habe ihm den Kopf erst einmal zurechtgerückt. Das wäre gar nicht so leicht gewesen und es hätte dabei ein paar Mal mächtig geknackt.

Fritz und dem anderen Suspendierten sackt bei dieser Erzählung das Kinn immer weiter herunter, und der Mund bleibt ihnen offen stehen. Ohne auf weitere Kommentare zu achten, rennen sie los zu der Stelle, wo der arme Kerl liegen müsste. Die drei anderen hinterher. Nur Liesel bleibt, wo sie ist. Der Schlotterjochen aber ist weg, spurlos verschwunden. Wie kann das bloß angehen?

Einige Wochen später muss Fritz mit Liesel Stroh von der Miete holen. Die Sonne scheint schon wieder kräftiger, und vereinzelte Vogelstimmen künden den nahenden Frühling an. An der Miete angelangt, geht er mit seiner blanken Forke mächtig zu Werke und kommt mit dem Aufladen gut voran. Auf diese Weise wird einem auch schnell warm. Da stößt er mit dem einen Zinken seiner Forke auf etwas Hartes. Es ist der Hacken von einem Schuh.

Beim genaueren Hinsehen erkennt er nun auch ein Bein, und – er bekommt einen gehörigen Schreck – da liegt ein Toter rücklings im Stroh. Er kratzt das restliche Stroh von ihm ab, und als er in die Nähe des Kopfes kommt, legt er die Forke beiseite und macht behutsam mit den Händen weiter. Jetzt gelangt er zum Nacken, aber irgendetwas stimmt da nicht, denn nun kommt das Kinn zum Vorschein und die ihm schon bekannte dicke, heute nur einfarbig rot gefärbte Nase. Jetzt erkennt er auch den Mantel wieder, mit dem der Tote sich zugedeckt hat, und – kaum wagt er hinzusehen – diese blöden Augen.

Im selben Augenblick jedoch springt der Schlotterjochen auf und ergreift das Hasenpanier. Im Weglaufen grinst er Fritz unverschämt an, ohne dabei den Kopf drehen zu müssen.

Wie man sich vorstellen kann, ist es Fritz mächtig in die Glieder gefahren. Er macht, dass er den Gutshof wieder erreicht und wagt vor Schreck nicht mal, sich auf den Kutschbock zu setzen. Lieber geht er nebenher und überlässt Liesel, die von den Ereignissen nicht so sehr beeindruckt ist, die Rückfahrt allein. Er ist froh, als er wieder unter Menschen kommt, bei denen der Kopf richtig herum sitzt. Die letzte Garantie ist das aber auch nicht, wie er in seinem späteren Leben noch öfter hat feststellen müssen.

März

Wir waren ströpen* gegangen. Der Himmel war wolkenlos, und die Sonne schien mit aller Kraft, zu der sie um diese Jahreszeit fähig ist. Die Sicht war bestens. Und wir suchten mit unseren jungen Augen den Bahndamm ab, ob da nicht irgendwo Feuer ist. An solchen Tagen wurden die die Bahnstrecke umsäumenden, über Winter vertrockneten Grasflächen oft durch die aus den Schornsteinen der Dampflokomotiven sprühenden Funken angezündet.

Wir wollten dort umherstreifen, und es muss auch der unvergleichliche Geruch gewesen sein, der entsteht, wenn trockenes Gras über feuchter Erde abbrennt, der uns lockte. Am Ende wollten wir das Feuer mit unseren dafür mitgenommenen Weidenstöcken löschen und somit eine gute Tat vollbringen. Einer hatte aber auch ein Brennglas mit für den Fall, dass die Lok nicht genug Funken haben würde.

An den sonnenabgewandten Stellen des Hügels, auf dem wir uns postiert hatten, waren noch Schneeflächen, aber auf dem Eis der tiefen Bucht des Sees, die damals von vielen, meist baufälligen Häusern

---

* ströpen (plattdeutsch) = herumstreifen

umgeben war, hatten sich durch die kräftige Sonne schon große Pfützen gebildet. Ein Liebespärchen war da noch am Schlittschuhlaufen.

Elegant wichen beide den Mauersteinen und Blechdosen aus, die die Jungs vom Eishockeyspielen, als es noch ging, hatten liegen lassen. Sie liefen immer wieder aufeinander zu und voneinander weg. Von Weitem sah es so aus, als würden sie eine Acht nach der anderen auf das Eis malen, sie immer den rechten und er den linken Teil. Jeder Sturz hätte unweigerlich das Eis zum Brechen gebracht, und sie wären ertrunken.

Das hat aber der liebe Gott, oder wer immer an jenem Tag die Aufsicht im Himmel hatte, noch nicht gewollt.

1. Mai

1. Mai, das war was für uns Kinder. Es war der erste Tag im Jahr, an dem wir Jungs wieder kurze Hosen anziehen durften und die Mädchen ihre hübschen weißen Kniestrümpfe. Es war immer schönes Wetter. Ich kann mich zumindest an keinen 1. Mai erinnern, an dem es geregnet hätte.

Die Partei hatte gerade ergrünte kleine Birken in Unmengen abhacken und am Vortag bei jedem Haus, an dem der Umzug vorbeikam, abladen lassen. Die hatten wir in mit Wasser gefüllte Blechdosen gestellt und an der Dachrinne festgebunden. Das plötzlich entstandene frische Grün in den sonst so tristen Straßen mit den Mietskasernen, die keine Vorgärten hatten und an denen der alte Putz abblätterte, weil es keinen neuen gab, erfrischte die Seelen mitunter bis zur Euphorie.

Meine Mutter und Onkel Otto, die als Werktätige Umzugsteilnehmer waren, hatten rote Nelken aus Papier im Knopfloch. Onkel Otto war als guter Kommunist an diesem Tag auch noch nüchtern. Um sechs bei Tagesanbruch war Wecken. Die Schalmeikapelle marschierte solo durch die Straßen. Ich stürzte immer aus dem Bett ans Fenster. Vorne ging der Tambourmajor, gefolgt von dem dicken Samm mit der großen Pauke – dem Wecker.

Die Bläser hielten etwas Abstand. Sie spielten Marschmusik:

»Spaniens Himmel breitet seine Sterne über unsere Schützengräben aus. Und der Morgen grüßt schon aus der Ferne, bald geht es zu neuem Kampf hinaus ...«

Aber auch der Hohenfriedberger erklang.

Die Umzugsteilnehmer mussten alle zum Turnplatz gehen, dem größten Platz der Stadt. Hier stellte man sich nach Betrieben und so auf, die Fahnen- und Transparentträger immer nach vorne. Wer etwas tragen musste, bekam eine Pulle Bier extra. Onkel Otto war auch dabei.

Wir Jungs liefen beim Umzug meistens auf dem Bürgersteig neben einer der Schalmeikapellen mit. Lieber war ich aber beim Klampfenchor. Das waren hübsche junge Mädchen in hellen Blusen oder blauen FDJ-Hemden, die Gitarre spielten und dazu sangen. An manchen Stellen waren neben der Straße kleine Stände aufgebaut. Da konnte man Drops und Lutscher kaufen und eine Art Kaugummischlangen ähnlich wie im Westen – nur konnte man nicht ganz so lange drauf kauen.

Am 1. Mai war immer sehr viel los. Auch in den Nebenstraßen waren viele Menschen unterwegs - am späten Vormittag strebten fast alle vom Festzug weg Richtung Heimat. Die Fahnen- und Transparentträger und der harte Kern der Marschierer kamen gegen Mittag auf dem kleinen Marktplatz an.

Hier hielt der Parteivorsitzende eine große Rede und noch einige andere eine kleine. Die Fahnen- und Transparentträger konnten ihre Fahnen und Transparente absetzen, bekamen wieder Bier und hatten dann wieder eine Fahne.

Die Schlacht bei Parchentin

Es bestand schon länger eine Rivalität zwischen der Klasse 9a und der Klasse 9b des Albrecht-Thaer-Gymnasiums. Die SED hatte dafür gesorgt, dass möglichst viele Arbeiter- und Bauernkinder auf das Gymnasium kamen. Dies ging natürlich auf Kosten der Bürgerkinder aus der Stadt.
Die Bauernkinder aus den umliegenden Dörfern kamen in der Regel alle auf den mathematisch-naturwissenschaftlichen Zweig in die b-Klassen, da sie im Gegensatz zu den meisten Bürgerkindern in den Fremdsprachen überhaupt keine Vorbildung besaßen. Sie wohnten im städtischen Internat der Schule. Auf diese Weise trug die SED unfreiwillig zur weiteren Verringerung der ohnehin schon zu wenigen Arbeitskräfte in der Landwirtschaft bei.

Als Ausgleich wurde der polytechnische Unterricht eingeführt. Hierbei mussten alle Schüler der b-Klassen einen Lehrvertrag mit einer landwirtschaftlichen Produktionsgenossenschaft und alle Schüler der a-Klassen einen mit einem Handwerksbetrieb abschließen. In der Praxis spielte sich das dann meistens so ab, dass die landwirtschaftlichen Produktionsgenossenschaften zu Zeiten der Arbeitsspitzen – wie Bestellung und Ernte – ganze Schulklassen morgens abholten, die dann auf den Feldern helfen mussten. Dies dann aber ohne Berücksichtigung der schulischen Ausrichtung der Klassen, die Klassen des a-Zweiges kamen genauso oft dran.

Die städtischen Handwerksbetriebe hatten da nichts reinzureden, denn das Handwerk war um 1960, zum Zeitpunkt des Geschehens, in Mecklenburg noch weitgehend in Privathand, wohingegen die Zwangskollektivierung in der Landwirtschaft schon so gut wie abgeschlossen war. Man kann sich vorstellen, dass diese Vorgehensweise des Staates, trotz aller gebotener Vorsicht, zu manchen diesem gegenüber nicht gerade wohlwollenden und sogar dieses missbilligenden Gesprächen in den Elternhäusern der Bürgerkinder geführt hat und sich bei den heranwachsenden jungen Menschen in der ihnen naturgemäß eigenen größeren Heftigkeit ein Groll gegen die Bauernkinder entwickelte, verstärkt noch durch das weit verbreitete Vorurteil, dass die Kinder der Arbeiter und Bauern sowieso nicht auf das Gymnasium gehören.

Ein Ereignis im Frühjahr bei der Feldbestellung hatte die Spannungen noch verstärkt. Aus der Sowjetunion war propagiert worden, dass der Maisanbau die Leistungsfähigkeit der LPGs enorm steigern würde. Chruschtschow hatte gesagt, der Mais sei die Wurst am Stängel. Also wurden riesige Flächen mit Mais bestellt.

Hierzu fehlten aber die geeigneten Maschinen, und so mussten die Schulklassen wieder ran. Und zwar in der Weise, dass mit Maiskörnern gefüllte Düngermollen umgehängt wurden, mit denen über das Feld zu schreiten und jeweils in die von einer Maschine im gleichen Abstand vorgefertigten Saatlöcher ein Maiskorn zu werfen und mit dem Fuß daraufzutreten war. Eine Knochenarbeit,besonders zu Anfang, wenn die Molle noch voll war. Wir nannten das die ›Tretjakow-Methode‹.

Eigentlich nicht verwunderlich, dass man auf den Gedanken verfiel, diese Methode insofern zu erweitern, in unbeobachteten Augenblicken den gesamten Inhalt der Molle in das eigenhändig stark vergrößerte erste Saatloch zu schütten, dieses reichlich mit Erde zu bedecken und festzutreten, dann mit der leeren Molle weiterzugehen und sich auf das Zutreten der Pflanzlöcher zu beschränken, dabei die zur Aussaat notwendige Bewegung des rechten Armes imitierend.

In den so behandelten Saatreihen konnte natürlich kein Mais auflaufen, und das fiel sogar der LPG-Leitung auf. Es konnte, wohl auch unter Zuhilfenahme von Zeugenaussagen, rekonstruiert werden, dass dort, wo die meisten Fehlstellen auftraten, die Klasse 9a im Einsatz gewesen war. Im Übrigen hatte diese Sabotage aber zu keinem Verlust geführt, wie sich später herausstellte, denn in den ordnungsgemäß bestellten Reihen war der Mais auch nicht höher als einen Meter geworden und hatte keine Kolben gebildet.

Dies war nach Justus Liebig – das ›von‹ hatten die Kommunisten weggelassen, um ihn besser vor ihren Karren spannen zu können – deshalb so gekommen, weil die LPG Parchentin, die im Vorjahr ihr Soll nicht erfüllt hatte, keine ausreichende Düngerzuteilung erhalten hatte und beim ohnehin ungewissen Maisanbau nicht gedüngt hatte: »Für das Pflanzenwachstum ist der im Minimum vorhandene Wachstumsfaktor ausschlaggebend.«

Die ersten Kampfhandlungen zwischen der 9a und der 9b ereigneten sich auf und im unmittelbaren Umfeld der großen Strohmiete der LPG Parchentin. Beide Klassen waren dorthin zum Kartoffelsammeln beordert worden und hatten in der Mittagspause an der Strohmiete gelagert. Wie so häufig ergaben nicht erwähnenswerte Nichtigkeiten den Anlass. Bald flogen aber Strohballen durch die Luft, und die Miete nahm beträchtlich an Höhe ab.

Dies musste der LPG-Vorsitzende von seinem Bürofenster aus gesehen haben, denn er erschien in Person eines kräftigen derben Landmannes und ging auf den erstbesten Strohballenwerfer los: »Verdammte Gören, dat hew ick doch all ümmer secht: Nix as dumm Tüch lieren de up de höheren Schaulen, de warn nie wedder arbeiten, sünd ein för allemal verdorben.«

Dabei hatte er aber unseren neuen Junglehrer, den Referendar für Mathematik erwischt, der bei dem Versuch, die Sache zu schlichten, zwischen die Fronten geraten war und nun selber kräftig mitmischte, was vielleicht auch daran gelegen hat, dass er bei den hübschen Schülerinnen einen guten Eindruck machen wollte, die sich, als das Kampfgetümmel in einen Nahkampf überzugehen drohte, zurückgezogen hatten und der Sache lieber als Zuschauer beiwohnten.

Als der Vorsitzende nun mit seiner Frage, wo denn unser Lehrer sei, konkreter wurde, zog dieser es wohl auch in Anbetracht der Nervosität des kräftigen Landmannes vor zu schweigen. Wir kamen ihm dann auch, zumal weder die a-Klässler noch die b-Klässler – er unterrichtete in beiden Klassen – etwas gegen ihn hatten, gemeinschaftlich zu Hilfe: »Er ist eben mal weggegangen.«

Diese naturbedingte Neutralität des jungen Referendars, verbunden mit einer gewissen Sympathie ihm gegenüber, mag auch dazu beigetragen haben, dass die Hauptkampfhandlungen, von denen noch zu berichten sein wird, keine gar zu schrecklichen Folgen gehabt haben.

Am nächsten Tag mussten beide Klassen wieder nach Parchentin zum Kartoffelsammeln. Es sollte ein herrlicher Spätsommertag werden.

»Im Nebel ruhet noch die Welt,
Noch träumen Wald und Wiesen:
Bald siehst du, wenn der Schleier fällt,
Den blauen Himmel unverstellt,
Herbstkräftig die gedämpfte Welt
In warmem Golde fließen.«

Dieses ›dumm Tüch‹ von Mörike mag so manchem von uns durch den Kopf gegangen sein. Aber noch ruhten die Nebelschwaden auf dem Kartoffelacker, als wir am Ziel angekommen waren, was uns Gelegenheit gab, einen großen Stein vom Feldrain an der geeigneten Stelle im Kartoffelfeld einzubuddeln. Der Schlachtplan war schon geschmiedet, und dieser Stein war ein Hauptteil davon, sozusagen der Dreh- beziehungsweise Nicht-mehr-Dreh- und Angelpunkt dabei.

Es war richtig vermutet worden. Auch heute sollte wie gestern mit einem sogenanten ›Vatermörder‹ gerodet werden. Diese Maschinen haben quer stehende Räder mit langen Eisenzinken, die sich bei Fahrt drehen, gegen die Kartoffeldämme schlagen, die Kartoffeln mit Wucht herausreißen und zur Seite schleudern. Da diese Räder sich nur in eine Richtung drehen können, muss rundum gefahren werden.

Der Traktorist hatte am Feldrand begonnen und war an ihm angemessen erscheinender Stelle des Feldes gegengefahren, sodass beim Fortgang des Rodens der dazwischenliegende, noch nicht gerodete Teil immer schmaler wurde. Auf der Randseite des Feldes hatte die Klasse 9a die Kartoffeln aufzusammeln und auf der zur Mitte hingelegenen Seite die Klasse 9b. Jeder Schüler hatte ein vorher abgemessenes, gleich großes Stück zugeteilt bekommen und musste mit dem Aufsammeln fertig sein, bevor der Traktor mit dem Kartoffelroder wieder ankam, sonst wären die Kartoffeln, die bei der vorherigen Runde freigelegt worden waren, durch mitgeschleuderte Erde sowie Kartoffelkraut und Unkraut zugedeckt worden. Zum Aufsammeln waren Drahtkörbe da, die in Säcke ausgeleert wurden.

Es lief dann auch alles nach Plan, und es wurde – wie schon gesagt – ein wunderbarer sonniger Septembertag, so wie ihn Tolstoi bei seiner Schilderung der Schlacht von Borodino in ›Krieg und Frieden‹ beschreibt. Die Vorfreude auf den Kampf wird auf beiden Seiten größer und größer.

Nun fährt der Traktor die Reihe entlang, in der der große Stein eingebuddelt ist. ›Rums‹ und ›klirr‹. Der Traktor steht, und die Zinken des Kartoffelroders sind nicht nur verbogen, sondern teilweise sogar abgebrochen. Das haben wir nicht gewollt, aber wie konnten wir wissen, dass die LPG nur so einen miesen Roder aus der SU oder der Volksrepublik Polen mit gusseisernen Zinken ausgeliehen bekommen hatte? Die besseren Roder mit den elastischen Zinken aus Kruppstahl aus Westdeutschland hatten wohl erfolgreicher wirtschaftende LPGs von der MAS (Maschinen-Ausleih-Station) erhalten.

Sofort fliegen die Kartoffeln durch die Luft und schlagen auf der Feindseite ein. Der Wurfabstand konnte wegen der Rodemethode und mittels des Steins ja auch vorher richtig fixiert werden. Die Drahtkörbe dienen als Schilde. Man kann aber nicht erkennen, ob eine verfaulte Mutterkartoffel ankommt. Diese zerplatzen, wenn sie auf den Drahtkorb treffen, und das führt zu einer vorübergehenden Blendung des Gegners.

Der Traktorist und sein Beifahrer regen sich nicht auf, geben die Reparatur mittels Zurechtbiegen der Zinken mit einer eigens dafür mitgenommenen Eisenstange wegen der vielen gänzlich abgebrochenen Zinken bald auf und fahren weg, um einen anderen Roder von der MAS zu holen.

Nun können die Truppenbewegungen beliebig vollzogen werden, aber allmählich geht beiden Seiten die Munition aus, und an den schon eingesammelten, sich bereits in den Säcken befindlichen Kartoffeln vergreifen wir uns dann doch nicht.

Der Tag wird immer schöner: »... den blauen Himmel unverstellt ... in warmem Golde fließen«. Irgendwann kommt auch der neue Kartoffelroder. Der Beifahrer sitzt beim Roden jetzt nicht mehr über dem rechten Hinterrad des Traktors, sondern läuft mit einer unten zugespitzten Holzlatte bewaffnet vor dem Trecker her und prüft durch ständiges Einstecken der Latte in die Reihe, ob da nicht wieder ein Stein ist. Dies ist für sein Kreuz sicherlich auch viel besser, als den ganzen Tag über still zu sitzen auf dem völlig ungefederten Sitz über dem Hinterrad.

Sich regen bringt Segen.

Schläge androhen

Meine Mutter war in den fünfziger Jahren Verkaufsstellenleiterin in einem HO-Kaufhaus. Sie hatte die Abteilungen Kosmetik und Papierwaren unter sich und ab und an auch mal einen Lehrling. So einer war auch Käte. Käte kam aus dem Ostteil der Stadt und war ein richtiges Arbeiter- und Bauernkind. Sie war groß und kräftig, etwas, wie man sagt, fahrig und sprach sehr schnell und hastig. Bei ihr zu Hause hatten sie nur plattdeutsch gesprochen. Da macht man sich nicht viel aus Akkusativ und Dativ. Es gibt kein *mir* oder *mich,* sondern es ist ähnlich wie bei den Engländern, immer einfach *mi*, und mit solchen Überzogenheiten wie *Sie* oder *Ihnen* lässt man sich schon gar nicht ein.

Auch mir, wenn auch von Hause aus hochdeutsch, so doch aus der Gegend, macht dieses ständige »Heißt es nun *mir* oder heißt es etwa *mich*?« heute noch Schwierigkeiten. Und sofort sitzt mir meine Frau, die nicht von dort ist und sich darauf auch noch etwas einbildet, im Nacken – oder heißt es etwa *mich*? Nein, *mir* ist richtig; Gefühl ist alles.

In der DDR war gerade der erste Fünfjahresplan angelaufen, und die Verkäuferinnen der HO sollten bei der Planerfüllung mithelfen, indem sie an Packpapier sparten – Kleinvieh macht auch Mist.

Also sollte Käte, wenn ein Kunde mehrere Teile auf einmal gekauft hatte, ganz höflich fragen: »Darf ich es Ihnen zusammen einschlagen?«

Das waren aber zu viele Klippen in einem Satz. Darauf war sie in ihrem bisherigen Leben nicht vorbereitet worden. Unter Austausch des Ihnen durch das einfachere Sie und dem sich bei ihrer hastigen Sprechweise ergebenden Verschlucken der unbetonten Silben sowie der beim erfolgreichen Handel ohnehin gebotenen Eile wurde in der Regel bei ihr daraus: »Darf ich Sie zusammenschlagen?«

Da half auch kein: »Aber Käte...« Das war nun mal so und blieb so. Der Umsatz hat auch nicht darunter gelitten, denn anders als bei uns heute überwog die Nachfrage nach Kosmetik und Papierwaren eindeutig das Angebot. Da ließ man sich so etwas schon mal gefallen, wenn doch als Lohn ein Fläschchen mit echt Kölnisch Wasser winkte.

Gefährlich

Sie sind beide an der Tankstelle und wollen den Reifendruck überprüfen. Andere sind auch da, machen sich mit dem großen Staubsauger zu schaffen oder so.

Der Mann sagt: »Du musst das jetzt mal allein machen. Du bist nun auch Verkehrsteilnehmer und musst es auch können, wenn ich einmal nicht dabei sein sollte. Ich sehe nur zu, ob du alles richtig machst.«

Die Frau holt den Druckmesser und sagt: »Das Ding hat wieder so gezischt. Das ist gefährlich. Da ist flüssiges Gas drin, und das kann explodieren.«

Der Mann spricht schon etwas lauter und gut akzentuiert: »Mach dir keine Sorgen, ich kenne das. Wenn du alles so machst, wie ich es sage, kann gar nichts passieren.«

Die Frau erwidert: »Die Airbags sind auch gefährlich. In denen ist auch flüssige Luft, und die können auch explodieren. Und blök hier nicht so rum, dass alle Leute mitkriegen, wie wir uns streiten.«

Das ist zuviel für ihn, denn er ist ein Mann, der so vieles weiß, souverän ist, sich nie mit seiner Frau vor Fremden streitet und immer nur das sagt, was auch jeder hören kann.

Es packt ihn die Wut. Er greift zum Reifendruckmesser und schlägt zu.

Fazit: Reifendruckmesser sind gefährlich.

Meine Tanten

Tante Emma wohnte am Goldbek-Ufer. Das ist wohl Winterhude. Auf jeden Fall war es ein vornehmes Stadtviertel, wenn auch die Goldbek durchaus nicht dasjenige war, was ihr Name verspricht. Im Gegenteil, sie war sehr trübe und schlammig, was man von einem fast stehenden Gewässer, das mitten durch eine große Stadt verläuft, nicht anders erwarten kann – auch wenn da viele vornehme Leute wohnen.

Tante Emma war sehr vornehm, äußerst korrekt und zu mir sehr streng. Ich ging nicht sehr gerne zu Tante Emma, aber ich musste oft zu ihr. Ich sollte ihr dann immer Briketts aus dem Keller in den 2. Stock hochtragen, wo sie zusammen mit Tante Frieda wohnte. Ich musste dann immer ein weißes Hemd anziehen und vorher zum Frisör und wurde anschließend von meiner Mutter ausgeschimpft, wenn ich wieder nach Hause kam und schwarze Flecken am Hemdkragen hatte. Aber ich bekam von Tante Emma ein bisschen was für das Hochtragen der Briketts.

Tante Emma war eine gute Wirtschafterin. Sie stammte aus Land ›Ein‹, wie die Hamburger gerne von den Mecklenburgern sprechen, obwohl sie häufig selbst statt ›eins‹ nur ›ein‹ sagen.

Tante Frieda war eigentlich noch vornehmer. Man konnte das sehen. Sie war Schneidermeisterin und führte den Betrieb, Tante Emma den Haushalt. Zu mir war Tante Frieda immer viel freundlicher als Tante Emma, obwohl Tante Emma Verwandtschaft war.

Tante Herta hatte früher als junges Mädchen als Schneiderin bei Tante Emma und Tante Frieda gearbeitet. Sie hatte einen Hals wie aus Alabaster, was man besonders gut sehen konnte, wenn sie sich beim Nähen bücken musste. Tante Herta wohnte in Fiekendorf mit Onkel Gustav zusammen in einem Behelfsheim.
Fiekendorf war eine Laubenkolonie, entstanden nach den Zerstörungen durch die Bombenangriffe im Krieg. Tante Herta und Onkel Gustavs Parzelle grenzte nicht an den Weg an. Man konnte nur zu ihnen kommen, wenn man entweder bei Tante Käte durchging oder aber bei Börners. Aber wahrscheinlich ist es wohl doch nicht so gewesen.

Von Tante Kätes Seite hätte man wohl doch über einen Weg zu Tante Herta gelangen können, aber meine Mutter wollte durchaus nicht, dass wir in die Nähe von Tante Käte kamen. Tante Herta und Tante Käte lebten nämlich im Streit, weil Tante Hertas und Onkel Gustavs Johannisbeerbüsche durch den Zaun zu Tante Käte hindurchgewachsen waren und Tante Käte die Beeren von den durchgewachsenen Zweigen immer für sich nahm. Und wir hielten nun mal zu Tante Herta.

So musste ich jedesmal bei Börners durchgehen, wenn ich zu Tante Herta und Onkel Gustav wollte. Und ich wollte sehr oft dahin, weil Börners eine Tochter etwa in meinem Alter, vielleicht etwas jünger, hatten, und die war hübsch. Wenn sie Wasser vom Brunnen für Börners holte, half ich ihr den Eimer tragen, und in der anderen Hand

hatte ich noch einen großen Eimer für Bremers. So hießen Tante Herta und Onkel Gustav, obwohl sie nicht verheiratet waren.
Tante Hertas Mann ist ein Bruder von Onkel Gustav gewesen, er war im Krieg gefallen, und Onkel Gustav hatte sich von seiner ersten Frau scheiden lassen. Ja, und so hatte das ganz gut gepasst, obwohl Tante Herta lieber Teddy (Ernst Thälmann) genommen hätte, den die Nazis nachher umgebracht haben. Sagen will ich hier aber auf alle Fälle noch – was ich beinahe vergessen hätte – daß bei Börners oft eine Wäscheleine gespannt war, worüber ich mit Fräulein Börner dann Federball gespielt habe. Außerdem hatte ich mir schöne rotbraune Schuhcreme gekauft, womit ich meine Schuhe dick eingecremt und schön blank geputzt habe, wenn ich zu Tante Herta ging. Darüber hat sich meine Mutter sehr gefreut.

Onkel Gustav war übrigens Friedhofswärter auf dem riesengroßen Friedhof Hamburgs, an den die Laubenkolonie Fiekendorf angrenzte. Dieser Friedhof ist gleichzeitig auch ein richtig großer Park, und die Bengels badeten bei schönem Sommerwetter in den Ententeichen dort. Onkel Gustav hat sie dann mit seinem Knotenstock vertreiben müssen.
Wenn er davon erzählte, wurde er immer richtig lebhaft. Sonst war er die Ruhe selbst und rauchte immer eine dicke Brasil - und wenn er dabei einschlief und sie ihm ausging, nutzte er das letzte Ende, wenn er wieder aufwachte, als Kautabak. Meine Mutter bezeichnete ihn immer als den ›eisernen Gustav‹.

Nicht weit weg wohnte auch noch Tante Meta. Aber von der weiß ich leider nicht mehr viel.

Im Zuge des Wirtschaftswunders verschwand die Laubenkolonie Fiekendorf. An ihrer Stelle wurden schöne große Häuser mit Balkonen gebaut, und die Bewohner der Laubenkolonie bekamen dort eine neue Bleibe. Tante Herta und Tante Käte wurden wieder Nachbarn. Wo ihre Parzellen gewesen waren, kam kein Haus hin, sondern wieder Büsche, zwar keine Johannisbeersträucher, sondern ganz prächtige Rhododendren. Und natürlich war kein Zaun mehr da und Tante Herta und Tante Käte hatten nichts mehr zum Streiten. Geredet haben sie trotzdem nicht viel miteinander, obwohl sie beide viel auf dem Balkon gesessen und dahin geschaut haben, wo ihre Büsche mal waren. Sie sind beide nicht besonders alt geworden.

Tante Emma ist nach Tante Herta gestorben, also wesentlich älter geworden. Tante Frieda ist noch älter geworden, und wie meine Mutter erzählte, hat sie sogar mit 82 noch einen Freund gefunden. Und wenn meine Mutter Besuch von ihren Freundinnen hatte, haben sie ganz dolle Geschichten über Tante Frieda im Zusammenhang mit ihrem Freund erzählt.

Am ältesten ist aber Onkel Gustav geworden. Der Tabakladen, wo er immer seine Zigarren gekauft hat, war auch geblieben. Aber Onkel Gustav gehört ja eigentlich nicht zum Thema.

St. Tropez

Hier muss mindestens eine von all den Blumen hingefallen sein, die Gunter Sachs aus dem Flugzeug warf, um Brigitte Bardot zu imponieren, und Wurzeln geschlagen haben oder ausgesamt sein. Welch eine Blütenpracht zwischen den sonst so kahlen Felsen!

In der Takelage des auf Hochglanz polierten alten holländischen Seglers, der im Hafen angelegt hat, turnen junge Männer, einer so gut gewachsen wie der andere, einander festhaltend und sich den Franzosen ohnehin nicht erschließen würdende Wörter zurufend. Franzosen sprechen gerne und viel ihre eigene wohlklingende Sprache. Andere Sprachen sind nicht so sehr ihr Fall, schon gar nicht Deutsch.

Wieder in den Klippen auf den Spuren des *Sentier du Littoral* (Küstenweg) an einer Stelle, an der man nur ins Blaue sieht. Oben der Himmel, unten das Meer – wer hat nun eigentlich auf wen abgefärbt? Rechts und links beides. Trotzdem sollte man nicht glauben, man sei ein Gott in Frankreich. Oft geht es steil hinunter …
Der Küstenweg hat es in sich. Die Bezeichnung ›Weg‹ hat er wohl auch nur der französischen Unbekümmertheit zu verdanken. Als älterer Tourist sollte man ihn besser meiden. Es stellt sich aber dann die Frage nach einer Alternative: Wo könnte man sonst gehen, wo

käme man durch – ohne auf Verbotsschilder zu stoßen, ohne auf ausgestreute Glasscherben treten zu müssen oder ohne von Schreckschusskanonen irritiert zu werden?
Mit Marianne geht das alles sowieso nicht, denn sie ist bei kitzligen Strecken immer begeistert dabei – und als ›Bangbüx‹ möchte man bei den Damen ja auch nicht gelten. Leider mag der Küstenweg sich auch nicht immer gerne sehen lassen, sich nicht zu erkennen geben. Marianne hatte sich in ihrer schönen Nacktheit an einer einsamen Stelle ausgestreckt, die Sonne pur genießend, als plötzlich ein Engländer wie aus dem Nichts auftauchte und Durchlass begehrte, dabei auf sein Wegerecht pochend.

Im Übrigen gäbe es mich vielleicht gar nicht mehr, wenn dort nicht jemand eine Sperre aus abgebrochenen Pinienzweigen und angespültem Holz errichtet hätte. Wie es am nächsten Tag hieß, war etwas vom Sentier du Littoral abgebrochen und ins Meer gefallen. Ohne diese Absperrung hätte ich, an dieser Stelle angekommen, wohl geglaubt, das sei immer so und andere gehen da ja auch, und in meinem immer noch vorhandenen Ehrgeiz und mit Marianne dabei, wohl versucht, das Hindernis zu überwinden, die Matrosen in der Takelung des Fliegenden Holländers vor Augen. Ob das wohl gutgegangen wäre?

In den Monaten Juni und September kann es vorkommen, dass mehr Deutsche als Franzosen in der Gegend von St. Tropez sind. Die tarnen sich aber meist, wer weiß, aus welchem Grund, und sagen immer gleich *bonjour*. Ist man öfter da, lernt man sie herauszufinden, denn sie sprechen es so exakt und gut akzentuiert aus und eben bei jeder sich bietenden Gelegenheit. An dieser typisch deutschen Gründlichkeit kann man sie erkennen und seine Frage anbringen: »Wissen Sie vielleicht, wohin dieser Weg führt?«

Der Einkauf ist dank des Euro einfacher geworden, und die Elektronik bringt an der Supermarktkasse das Negativergebnis sofort auf einen kleinen Bildschirm. Will man tiefer ins Alltagsleben des Gastlandes eintauchen, was man als nostalgischer Tourist ja gerne tut, sollte man in einem richtig urigen Laden mit vielen Verkäufern und wenigen Preisschildern einkaufen. Da fängt das einem aus der Zeit des Francs noch so vertraute Zahlengequassel wieder an. Man muss allerdings höllisch aufpassen und die Zahl ›un‹ besonders laut und deutlich aussprechen, denn diese verstehen die Verkäufer besonders schlecht, obwohl sie doch so einfach ist.

Es trifft auch nicht zu, dass die Franzosen (Französinnen) weniger von FKK halten als die germanischen Stämme. Der Ausübung dieser Kultur sind in Frankreich wohl nur mehr Riegel vorgeschoben. Doch wehe, wenn sie losgelassen! In der Nähe von St. Tropez ist ein Naturschutzgebiet, in dem das einfache und natürliche Leben in jeder Hinsicht geschützt ist.
In der Umgebung gibt es eine kleine Stadt mit ganz besonderem Flair. Sie ist terrassenförmig an einem Berghang gebaut. Geht man in ein Haus hinein, so kommt man eine kleine Gasse weiter unten wieder heraus oder umgekehrt. Marianne und ich sind dorthin gewandert und kamen mit großem Durst und gutem Appetit an. Auf der unten gelegenen breiteren, auch mit Autos befahrenen Hauptstraße reiht sich glücklicherweise ein Lokal an das andere, und von

den Wirtsleuten beziehungsweise deren geschultem Personal prasseln Einladungen auf die Passanten sowie die meist mit offenem Verdeck langsam vorbeifahrenden Autos in der vermuteten Muttersprache der jeweils erhofften Gäste herab.
Wir entschließen uns – in Anbetracht unseres Hungers – ziemlich schnell für einen italienisch-französischen Mix. Wir werden vom Oberkellner gleich ins Lokal geleitet und sollen an einer längeren Tafel am hinteren Ende Platz nehmen mit Blickrichtung auf die Wand. Es ist gerade 12:00 Uhr und das Lokal noch ganz leer. Die Blickrichtung will mir nicht gefallen, und wir setzen uns auf mein Geheiß eigenmächtig auf die andere Seite, nachdem der Mann aus dem Raum verschwunden ist.
Schon ist der Oberkellner aber wieder da und macht mir eindeutig klar – sogar das diesem Zweck entsprechende Deutsch kann er –, dass er solche Extravaganzen nicht duldet. Meine Widerrede nötigt ihn dazu, mit seinen beiden kräftigen gebräunten Armen die Rücklehne meines Stuhls anzupacken. Ich will mein Gesicht nicht verlieren, und wir verlassen das Lokal. Marianne sagt zu alledem kein Wort, aber bewundernde Blicke ernte ich dafür nicht.

Wieder draußen, will ich es mit einer anderen Gaststätte versuchen. Wir gelangen in die nächst höhergelegene, parallel verlaufende schmale Gasse. Hier geht es anders zu. Nichts von der Hektik unten auf der Hauptstraße, keine ›Reinsnacker‹ vor der Tür. Da ist es wieder, das von mir so sehr geliebte Ambiente des Mittelmeerraumes. Auch hier reiht sich ein Lokal ans andere, und in Anbetracht unseres sich allmählich zum Hunger ausgewachsenen Appetits fackle ich nicht lange.

Entschlossen öffne ich eine mit lokalen Attributen sehr ansprechend ausgestattete Eingangstür und bedeute Marianne mir zu folgen. Wir gelangen auf eine steile, gewundene Treppe, an den Wänden wunderschöne Dekorationen. Nach der ersten Biegung steht da aber – o Schreck – mein neuer Freund, der Oberkellner Mit seinen kräftigen Armen den Weg versperrend sagt er: »So nicht, mein Lieber!«

Wir bekommen schließlich doch noch etwas zu essen und zu trinken und zwar auf der Hauptstraße, gar nicht weit vom ersten Lokal entfernt. Konkurrenz soll ja bekanntlich das Geschäft beleben. Der Wirt und seine Frau sprechen Schwyzerdütsch. Man lässt uns erst einmal vornehm warten. Dann kommt endlich der Wein.
Gravitätisch setzt der junge Gastwirt das Glas vor mir ab und schenkt ein. In Anbetracht meiner zwischenzeitlich ausgedörrten Kehle will ich gleich zugreifen. Kaum sieht er das, nimmt er das Glas wieder weg, dabei etwas »von Korken drin« murmelnd. Immerhin hat man uns etwas zu essen und zu trinken gegeben – aber die Bezeichnung ›viel‹ haben nur die Kosten verdient.

In St. Tropez gibt es eine geschichtsträchtige Zitadelle, die wollte ich gerne besichtigen. Es war unser letzter Tag. Marianne war aber noch nicht auf dem Friedhof gewesen. An welchen Ort wir auch kamen, Marianne wollte immer den Friedhof besichtigen. Der ist in St. Tropez direkt am Meer, hochgelegen auf der Steilküste. Es herrschte an dem Tag ausnahmsweise ein in Böen aufkommender, heftiger Wind. Der Himmel war meistens von Wolken bedeckt, aber immer wieder brachen die hellen Sonnenstrahlen durch.

Auf dem Friedhof war, wie in Südfrankreich üblich, fast alles aus

Stein. Hatte die Sonne die Oberhand, so blendeten die hellen Grabplatten und die mit weißen Steinchen bedeckten Wege. Verdunkelten dagegen Wolken die Sonne, wurde mir unheimlich zumute.

Marianne hatte an diesem Tag ihren weißen Strohhut mit dem hellblauen Bändchen ausgewählt. Der Hut wie immer hundertprozentig passend zu ihrem sonstigen Anputz. Sie trug ihn stets locker aufgesetzt, ohne dem Haltebändchen aus Gummi Beachtung zu schenken. Wie oft bin ich einem ihrer vielen Hüte nachgelaufen ...

Ganz vertieft besichtigte sie die Gräber, keinen noch so abgelegenen Winkel des Friedhofs auslassend.. Eine heftige Böe nahm den Strohhut mit. Ich bekam ihn diesmal nicht mehr zu fassen. Im hohen Bogen segelte er im Schatten einer großen dunklen Wolke schwankend, das blaue Bändchen im Winde flatternd, weit in die Bucht von St. Tropez hinaus und landete schließlich zwischen den mit weißen Schaumkronen bedeckten Wellen, dabei sofort verschwindend. Der Kontrast war nicht mehr gegeben.

Marianne kümmerte sich um dies alles überhaupt nicht. Sie war völlig in die Inschriften und Dekorationen der Grabstellen vertieft. Der Wind spielte mit ihren Haaren, zwar kurz geschnitten, aber so weich.

Nun ist auch sie verschwunden.

Muttersorgen

Heiner zieht keine passende Frau an Land. Er schafft es einfach nicht, und das will seiner Mutter ganz und gar nicht gefallen, hat Frau Schilling doch einen gutaussehenden Sohn. Jeden Sonnabend geht er gut präpariert und mit mütterlichen Ratschlägen ausgerüstet, die aber auch Ermahnungen bezüglich ›standesgemäßer Eignung‹ beinhalten, auf Brautschau. Dennoch passiert immer wieder dasselbe: Im entscheidenden Moment steht Heiner sich selbst im Weg. Da hilft das ganze Pläneschmieden nichts. So wie er bislang im Leben versagt hat – Gymnasium geschmissen, Musterungsgrad ›Ersatzreserve IV‹ – versagt er auch bei den Mädchen, obwohl es meistens, vermutlich durch sein Äußeres bedingt, durchaus vielversprechend anfängt.

So war da ein schöner Tanzabend mit einem hübschen Mädchen. Nur erwartete sie leider am Ende von ihm, dass er ihr am Schießstand eine Blume schoss. Die anderen erfolgreichen Kavaliere hatten für ihre Damen schon alle eine errungen. Heiner war aber nicht beim Militär gewesen, hatte noch nie ein Gewehr in der Hand gehabt und musste passen. Wohl auch aus Rücksicht auf die Schießbudenbesitzerin, die zwischen den Blumen hin und her wuselte – und obendrein in der trügerischen Hoffnung, dass dann, wenn er niemals schießt, auch keiner auf ihn schießt. Da war der ganze Tanzerfolg umsonst, ohne Blume kein Rendezvous.

Heiner besuchte eine ausgezeichneten Tanzschule, die vornehmste der großen Stadt. Ein schöner Mann in tadellos sitzendem Anzug. Der Beginn war großartig. Als die Damen auffordern durften, stürzte die Schönste gleich auf ihn los. War das ein Gefühl!
Selbstverständlich begleitete er seine Dame später nach Hause. Edeltraut besaß einen Schirm, der sich sowohl für Sonnen- wie auch Regenwetter eignete. An diesem Tag nieselte es, also typisches Hamburger Schmuddelwetter. Heiner hielt den Schirm hervorragend und rang nach Worten, um das Gespräch nicht abbrechen zu lassen. Edeltraut sah ihn dabei ein paar Mal von der Seite an. Zur nächsten Tanzstunde kam sie nicht wieder.
Zwei Monate später, als der nächste Kurs begann, sah Heiner den gelben Combi-Sonnen-Regenschirm in der Garderobe stehen. Edeltraut ist wohl bei jedem Kurs immer nur in die erste Unterrichtsstunde gegangen, bis sie den Richtigen gefunden hat. Ein zwar kostspieliges, aber Erfolg versprechendes Auswahlverfahren.

Sogar bis ins Bett war Heiner schon vorgedrungen. Fräulein Dahmke wohnte in einem sehr vornehmen Stadtviertel. Sie hatten beide wunderbar getanzt. Heiner konnte führen, besonders wenn er ein bisschen getrunken hatte. Fräulein Dahmke war sehr schmiegsam und beweglich. Ihr langes Haar, das sie zum Schluss gelöst hatte, streifte bei entsprechenden Passagen den Tanzboden. Heiner brauchte zum Glück auch keine Blume zu schießen. Ein Wiedersehen war keine Frage.

Als die Musiker zusammenpackten, gesellte sich ein zweites Paar zu ihnen. Das Mädchen war Fräulein Dahmkes Freundin, die auf der

anderen Seite der Tanzfläche gesessen hatte. Sie fuhren anschließend in einem Borgward zu einer Fräulein Dahmkes Eltern gehörenden Villa, dort war schon alles vorbereitet.
Bei dem verabredeten Wiedersehen ging Heiner mit ihr essen. Er glaubte, endlich die richtige Frau gefunden zu haben, die auch den hohen Ansprüchen seiner Mutter genügen würde. Folglich schüttete er ihr sein Herz aus und berichtete insbesondere über seine bisherigen Schwierigkeiten, eine passende Freundin zu finden. Genau das hätte er nicht tun sollen.
Heiners Neigung zum Enthusiasmus, abwechselnd mit tiefer Trübsal, hatte er übrigens von seiner Mutter. Der entscheidende Unterschied zwischen beiden bestand aber darin, dass diese, weil unter ganz anderen Lebensumständen aufgewachsen, darunter nicht leiden musste. Deshalb konnte sie wohl auch nicht das rechte Verständnis für ihren Sohn aufbringen.

Jedenfalls wurde weiter Dampf gemacht. Schillings bekamen einen Untermieter, Herrn Kunz, Anfang 30, seines Zeichens Amtmann bei der Kulturbehörde, groß und stattlich. Zwar mit etwas Schmerbauch, aber das gehörte in früheren Zeiten zu einem richtigen König auch dazu. Verlobt war er mit einer jungen Dame, so alt wie Heiner, mit ebenfalls höhergradig behördlichen Eltern.
Schon allein aus beruflichen Gründen musste Herr Kunz am Rosenmontag auf die Künstlermaskerade. Als er dieses Frau Schilling kundtat, erhielt er von der gleich den Auftrag, ihren Sohn mitzunehmen und dort bei der Suche nach einer Frau zu unterstützen.
Herr Kunz ging als Bayer in Lederhosen und mit Seppelhut. Heiner – irgendetwas Winterliches soll es gewesen sein – als Lappländer

oder gar Eskimo. Er hatte auf die auf den Ball folgende kalte Winternacht spekuliert.
Die Künstlerinnen waren teilweise fast nackt, dafür aber bunt bemalt. Evakostüm ist auch ein Kostüm. Und wie konnte es anders kommen? Bald hatte eine der Damen Heiner fest im Griff, bevor er sich überhaupt erst einmal Mut antrinken konnte. Amtmann Kunz war, von der sich ihm von Heiners Mutter aufgetragenen Pflicht leichtfertig lösend, im Gedränge verschwunden. Wahrscheinlich, um der sich ihm beruflicherseits obliegenden Inspektionspflicht zu widmen.
Heiner war von der Umarmung der Künstlerin überwältigt. Er konnte nichts dagegensetzen und stotterte Komplimente. Der Schweiß brach ihm aus allen Poren, verfing sich unter anderem in seinen für den nächtlichen Begleitgang gedachten dicken Socken. Irgendwann löste sich die Umklammerung, und als eine weitere drohte, flüchtete Heiner vor dem Tumult auf der Tanzfläche und gelangte in entlegene Gänge mit verschwiegenen Nischen, in einer Kunzens Lederhose und dessen stramme Waden entdeckend.

Um es kurz und klar zu sagen: Frau Schilling konnte ihrem Sohn trotz ihrer großen Bemühungen auf diesem Gebiet nicht weiterhelfen. Ihre Sorge, dass aus ihm nichts Rechtes werden würde, wurde immer größer. Wie bereits angedeutet, wurde die erfolglose Brautwerbung von anderen Problemen wie der verunglückten Schulausbildung und mittlerweise zu allem Übel auch noch von einem verpatzten Berufsanfang begleitet: Heiner arbeitete ohne Ausbildung als Gehilfe in der Landwirtschaft.

Die Beschaffung einer passablen Frau für ihn wurde immer dringlicher. So griff Frau Schilling nun selbst aktiv ein und dies sogar unter Abspeckung ihrer vielleicht doch etwas überspannten Vorstellungen. Sie nahm ihren Heiner mit auf den Gewerkschaftsball im Besenbinderhof. Da würde auch eine ganz junge Kollegin sein, und der hatte sie schon einen Wink gegeben.

Die Atmosphäre auf diesem Ball tat Heiner wohl. Es wurde ihm an diesem Abend recht deutlich, dass nicht alle Mädchen auf der Sonnenseite des Lebens stehen, was seine früheren Begegnungen mit Edeltraut und Fräulein Dahmke ziemlich verdrängt hatte. Die für ihn vorgemerkte junge Kollegin war erkennbar und nett. Neben ihr aber saß Helga. Mit Helga tanzte er den ganzen Abend lang. Die andere war deshalb nicht böse, und von seiner Mutter ließ er sich nicht stören. Wie sollte das auch gehen, denn sie war selbst in eigener Sache aktiv.
Von dieser Nacht hat Heiner, mit dem es übrigens später noch ganz normal gekommen ist, mir öfter erzählt: Helga und er waren, als der Ball sein Ende fand, mit als Letzte gegangen. Sie gingen zum Stephansplatz. Heiner fiel jetzt erst auf, dass Helga hinkte. Wie hatte sie damit nur so gut tanzen können?

Helga schloss die Eingangstür zu einer Bäckerei auf, und sie gelangten in die Backstube. Es roch nach Brot und Kuchen und in einer Bäckermolle frisch angesetztem Sauerteig. Neben dieser Molle stand ihr Bett. So gegen 5:00 schrillte der Wecker. Helga machte sich mit dem Sauerteig zu schaffen. Dabei sagte sie zu Heiner, dass er jetzt gehen müsse. Sie habe ja seine Adresse und würde ihm bald schreiben. Heiner ging. Am nächsten Tag musste er wieder zu dem Bauern, bei dem er arbeitete.

Die Kolbenstöße des alten Hanomag, mit dem er pflügte, verwandelten sich in Marschtakte: ›Oh du schöner Westerwald…‹ oder ›Ja, ja, im Leben geht so mancher Schuss daneben…‹ Und verfing sich ein großer Stein im Pflug und der Traktor konnte es nicht mehr schaffen, trat er nicht gleich die Kupplung. Der Schlepper kam vorne hoch, und dann wurde daraus der Schneewalzer. Heiner schwebte im siebten Himmel.
Es kam aber kein Brief und seine Glückseligkeit ließ nach. Aber die Hoffnung blieb. Er hatte ja Helgas Versprechen und daran glaubte er fest.

Nach 14 Tagen erhielt er einen Brief in unbekannter Schrift und ohne Absender:

Lieber Heiner!
Deine Mutti möchte nicht, dass wir uns wiedersehen.
Ich bin sehr traurig. Lebe wohl.
Helga

Uns hat der Dichter geholfen

Tante Gertrud ist nun gestorben. Eigentlich schade. Sie war eine feine alte Dame, und wenn das Wort ›vornehm‹ heute nicht so verpönt wäre, könnte man es auf sie anwenden.

Die Maximen ihres Handelns bezog sie aus der Gesellschaftsordnung, die vielleicht vor 50 Jahren galt, und sie konnte schweigen wie ein Grab. Ihrem Ehemann ist sie stets treu und ergeben gewesen und hat das Familienschiff sicher durch alle Stürme geführt. Derer gab es sehr viele, denn ihr Walter konnte sich mit niemandem vertragen.

Zuerst waren es die Nazis, aber das besagt bekanntlich nicht gar zu viel, dann waren es die Kommunisten in der DDR, was auch noch nicht viel mehr besagt, und schließlich die Kapitalisten in der schönen Bundesrepublik, was hingegen sehr viel besagt, so sagt man. Die passenden Berufe hatte er auch dazu. Zuerst Journalist und später dann Lehrer.

1958 flüchtete Walter mit Gertrud und Tochter Sabine aus der DDR über Berlin in den Westen, also in die Freiheit.

Wenn man Tante Gertrud fragte, wie es denn gekommen sei, dass sie damals so schnell und so gut in Westdeutschland wieder Fuß fassen konnten, so antwortete sie meist: »Der Dichter hat uns geholfen.«

Wer das war, blieb ihr Geheimnis.

In ihrem Zimmer stand an bevorzugtem Platz eine Fotografie, die einen alten Herrn zeigt, der in einer gebirgigen Gegend auf einer Mauer sitzt, neben ihm ein aufgestapelter Stoß Meterholz.

Nach ihrem Tod durchstöbern die Erben ihren Nachlass, und es findet sich ein mit hübschen Bordüren zusammengehaltenes Päckchen an Briefen von Hermann Hesse, und auf einem steht geschrieben:

»Lieber Herr,
ich bin alt, krank und jeden Tag hoffnungslos überbürdet,
will Sie aber nicht ohne Gruß lassen.
Sie haben es schwer, aber bleiben Sie dem Schönen und
Edlen treu, auch wenn Sie es nicht bei den Menschen,
nur in der Natur und in Ihrem eigenen Herzen
entdecken können

Ihr H.H.«

Verwicklungen

Melms und Zabel stecken sich mit de Gabel
Melms steckt tau, Zabel in 'n Schau

Fredi ist auf den Apfelbaum geklettert, damit sie ihn nicht bemerken können. Unser großer Hahn stolziert aufgeplustert auf der Wiese herum. Da kommt Tesnows Schwarzer auch schon an. Die beiden gehen aufeinander los. Bei unserem Weißen sind die Federn am Kropf bald rot vom Blut, bei dem anderen sieht man es nicht so. Keiner von beiden gibt nach und verliert an Boden. Wieder unentschieden.

Fredi hat sich die großen Holländer von Opa Wulf angezogen und läuft damit auf unseren Hahn zu. Der wird wütend und will auf Fredi los. Wenn er anfliegt, hält er ihm schnell ein Bein hin und lässt ihn abtropfen. Auf diese Weise trainiert er den Hahn, damit er das nächste Mal gegen den von Tesnows gewinnt.

Anderntags kommt Fräulein Ackermann über den Hof zu Schuster Bütow, um ihre Schuhe neu besohlen zu lassen. Sie hat ihren Hut mit der Hahnenfeder auf. Der Weiße sieht das, und schon ist er bei ihr auf dem Kopf. Es gibt ein großes Gekreische, Bütow kommt aus seiner Werkstatt und droht Fredis Mutter, der das Haus und der Anbau gehören, wieder mal mit Kündigung. Fredi findet das von »dem Schauster mit de spitzen Näs« gemein.

Er baut mit seinem Freund Dieter eine Fallgrube auf dem Weg zu Bütows Werkstatt. Sie polstern alles schön mit Lehm von Onkel Ottos Lehmhaufen aus, damit das Wasser in dem weißen Sand nicht so schnell versickern kann, und tarnen alles gut mit Fußstapfen.

Bald kommt auch wieder ein Kunde – Herr Zabel, Fredis und Dieters Turnlehrer – forschen Schrittes an, und es klappt. Zabel platscht mit einem Fuß in die Fallgrube, das Dreckwasser spritzt ihm bis um die Ohren, und er tobt los.

Der Weiße meint, es ist auf ihn gemünzt, und greift Zabel an, der aber dem Angriff durch eine rasche Körperdrehung geschickt ausweicht und damit der Sache ein glückliches Ende bereitet, zumindest für die Menschen.

Die unschuldige Kreatur hingegen landet im Suppentopf.

Im Zeltlager

»Spaniens Himmel breitet seine Sterne
über unsere Schützengräben aus
und der Morgen grüßt schon aus der Ferne,
bald geht es zu neuem Kampf hinaus.«

»Auf, auf zum Kampf,
zum Kampf sind wir geboren.
Dem Karl Liebknecht haben wir's geschworen,
der Rosa Luxemburg reichen wir die Hand.«

Und zum Abschluss noch das rührselige Lied von »unserem kleinen Trompeter«. Welch junges Herz kann da noch widerstehen? Also »auf in den Kampf, Torero« – aber halt, das passt nicht ganz.

Es war im Pionierlager ›Fritz Heckert‹. Fragen Sie mich aber nicht, wer das war* und ob ich seinen Namen richtig geschrieben habe. In der DDR muss er jedenfalls etwas dargestellt haben. Anders als

* Fritz Heckert (1884-1936) – deutscher Politiker, Mitbegründer des Spartakusbundes und der Kommunistischen Partei Deutschlands (KPD).

in den Betriebsferienlagern von der HO, wo Heiner sonst in den Sommerferien gewesen war, stand hier die Ausrichtung der jungen Menschen auf das große gemeinsame Ziel, den Aufbau des Kommunismus, vorn an. Insbesondere sollte die Freundschaft mit der Jugend der Sowjetunion, die auf diesem Weg voranschreitet, gefestigt werden.

Heiners Zelt hatte die Aufgabe, Kosakenmützen zu basteln und sollte beim Abschlussfest einen Kosakentanz aufführen.
Mit dem Kleben der Mützen hat Heiner so seine Schwierigkeiten. In der Schule liegen ihm auch mehr die theoretischen Fächer. Er muss sogar morgens, wenn der Fahnenappell ist, noch daran arbeiten, um überhaupt fertig zu werden, und verpasst dadurch regelmäßig das Antreten zum Appell, aber seine Freundschaftsratsvorsitzende Brigitte meldet der Fahne und den darunter Stehenden trotzdem immer: »Kosakengruppe vollständig angetreten!«
Nebenbei bemerkt hat er es sich mit Brigitte zum Schluss aber dann auch noch verdorben, da er anlässlich des Abschlussfestes bei der Aufführung des Kosakentanzes – Sie wissen doch, wie der geht, man muss in sitzender Haltung die Beine im Takte einer Kalaschnikow immer nach vorne werfen – gleich ganz und gar sitzen blieb. So saß er dann zum Abschluss der Zeltfreizeit wieder mal zwischen allen Stühlen.

Der Höhepunkt im Zeltlager und damit das, was hier in der Hauptsache erzählt werden soll, war aber die kämpferische Auseinandersetzung mit einem anderen Zeltlager in der Nähe. Dieses Lager war auf einer Insel im Möner See. Dass die dort auch den Kommunis-

mus mit aufbauen sollten und somit das Feindbild nicht ganz klar war, hat wohl nur die wenigsten von Heiners kampfbereiten Gefährten gestört. Die Lieder, die immer wieder gesungen wurden, waren auch einfach zu schön.
Jedes Zelt hatte ein Floß zu bauen, mit dem die Landetruppen beim geplanten nächtlichen Überfall auf das Inselzeltlager übersetzen sollten. Von dieser weiteren Handwerksarbeit war Heiner freigestellt, weil er, da recht kräftig, mit bei der kämpfenden Truppe eingeteilt war.

Kurz vor Ende der Ferien, es ist eine helle Mondnacht, fiebern alle, teils aus Angriffslust, teils aber auch vor Angst – je nachdem – dem vereinbarten Startzeichen, dem Ruf einer Eule aus dem Lagerlautsprecher, entgegen, wobei auch diese wohl versehentliche Anspielung auf Karl May bei den Jungen Pionieren zu keiner wesentlichen Irritation führt, obwohl ihre Lehrer ihnen strengstens verboten haben, mit Opas Bleiindianern und Zinnsoldaten und ähnlichem Kriegsgerät zu spielen.
Kurz nach Mitternacht legt die Eule mit leicht schwankender Stimme los – die Lagerleitung hatte wohl wieder eine lange Nacht - , und die Flöße legen ab. Die Bewaffnung besteht in einer kleinen Schuhbürste und dem Restinhalt der Schuhcremedosen – die von Heiner ist noch ganz voll. Damit soll den unterlegenen Feinden zum Zeichen des Sieges ein schwarzes beziehungsweise ein braunes Kreuz auf die Stirn gemalt werden.

Es war ausspioniert worden, wie viele Zelte sich auf der Insel befanden, und die Festlandsarmee hat genauso viele Flöße, wie Zelte da sind. Jede Floßbesetzung soll ein anderes Zelt angreifen. Es lief nachher aber alles nicht so ganz nach Plan, denn besonders die feindlichen Mädchen hatten sich im Essensraum versammelt und ergaben sich en gros.

Abgesehen von den klopfenden Herzen gelingt die vorgesehene lautlose Überfahrt ziemlich gut. Die eigentlichen Kampfhandlungen auf der Insel sind nicht mehr einwandfrei rekonstruierbar, dieser Teil sollte deshalb übersprungen werden.
Am Ende hat Heiner jedenfalls einen Feind im Schwitzkasten, und als dieser dabei aus dem Schlaf erwacht, tut es ihm leid, dass er ihn gestört hat. Aus dem Schuhcremekreuz wird auch nichts, das hätte der sich wohl auch nicht so ohne Weiteres gefallen lassen.

Nachher sitzen alle, Angreifer und Angegriffene, mit, aber meistens doch ohne Schuhcreme im Gesicht am Lagerfeuer und singen mal wieder das Lied »von unserem kleinen Trompeter«, der durch eine feindliche Kugel stirbt. Die Mädchen, auch die festländischen mit Brigitte, der Freundschaftsratsvorsitzenden, sind auch alle dabei.

Über ihre Köpfe hinweg streicht lautlos ein großer Vogel, eine Eule, angelockt vom nächtlichen Schein des Lagerfeuers.

Ostereier

Es ist Ende März. An den Birken ist in diesem Jahr schon etwas Grün zu sehen. Davon haben sie eine ganze Menge abgemacht und damit die Kutschen geschmückt. Guschi aus dem Westen, der weltgewandte älteste Sohn von Krengels, hat die Organisation bei der Hochzeit übernommen, und es stehen viele solcher Kutschen mit prächtigen Pferden in der Deichsel vor dem Bahnhof, als wir aus dem Zug aussteigen.

Hanni, Moltmanns älteste Tochter – eine tüchtige Wirtschafterin, die Seele des Moltmannschen Hofes, denn der einzige Sohn Johannes ist im Krieg gefallen – kommt uns entgegen und führt uns zu einer Kutsche. Da ist noch Edith, die jüngste Moltmann-Tochter, und ein lustiger Knecht, der den Zügel hält und den ich schon kenne.

Erst kommen wir nach Rom. Aber da geht es schnell durch. Mit den Katholiken haben wir nichts zu schaffen. Dann kommen wir nach Lutheran. Hier zeigt Hanni Mutti den Hof des Bräutigams, dem größten Bauer aus Lutheran. Der Hof hat acht Pferde und Moltmanns haben sechs, macht zusammen vierzehn.
Die Märzsonne ist kräftig, leichter Wind geht in Fahrtrichtung. Der Knecht knallt mit der Peitsche, und die frisch gelegten Wasserwellen der Frauen und ihre Kopftücher bewegen sich im Wind. Auf den

Feldern hoppeln Hasen zwischen den Saatreihen der Winterung. Einer duckt sich dicht am Chauseerand hin und stellt die Löffel hoch.
»Der legt jetzt Ostereier«, sagt der Knecht zu mir, und Edith nickt dazu. Ich mache große Augen. Ich kenne das nur von den Karten, die Mutti zu Ostern schreibt, und von den Figuren aus Zuckermasse, wo ein Hase auf einem Ei sitzt – seltsamerweise aber meist auf einem Spiegelei. Da es der nette Knecht aber nun sagt, muss es ja stimmen.

Es wird eine prachtvolle Hochzeit im ganz großen Stil. Lotti, die hübscheste der Moltmann-Töchter, hat ja auch den großen Wurf gemacht. Von mittags um zwölf bis abends um sieben wird gegessen. Alles, was man sich denken kann, und zum Abschluss Langnese-Eis, das Guschi aus Bremen, wo er wohnt, extra hat kommen lassen.

Vor der Tür des Dorfkrugs* haben sich die Flüchtlinge versammelt. Aber Tante Elli gibt so leicht nichts umsonst her. Die können froh sein, dass sie untergekommen sind. Wenn sie essen wollen, müssen sie arbeiten, und Arbeit gibt es genug.

Tante Elli und Onkel Robert sind dann ins Zuchthaus gekommen. Wie konnte das geschehen?
In Dalow, wie überall in der DDR, hatte man eine LPG gegründet. Aus war es mit dem Großbauerntum. Alle sollten Mitglied der LPG werden und ihr Land da einbringen. Das kam für die beiden – verständlicherweise – nicht infrage. Dann lieber in den Westen gehen.

* Gaststätte (niederdeutsch)

Das wäre schon hart genug gewesen für sie. Viele, die es damals zu etwas gebracht hatten, teilten dieses Los.

Aber so eine Republikflucht war normalerweise keine gefährliche Sache. Man löste zum Beispiel eine Fahrkarte nach Leipzig zur Messe, stieg aber in Berlin schon aus, wechselte dann in die S-Bahn und fuhr nach Westberlin – und schon war man im Westen. (Den Kommunisten blieb damals gar nichts anderes übrig als die Mauer zu bauen, sonst wäre ihnen noch die Hälfte der Bevölkerung weggelaufen.) Wenn man sich nicht gar zu auffällig verhielt, konnte man nur gefasst werden, wenn einem vorher jemand denunziert hatte.

Ob Tante Elli den Flüchtlingen bei der Hochzeitsfeier doch lieber etwas vom Festessen hätte abgeben sollen? Lange waren sie jedenfalls nicht im Zuchthaus und durften dann auch in den Westen. Vielleicht hat Hanni oder der Knecht den Flüchtlingen, die nicht zur Gaststätte, sondern auf den Hof gekommen waren, doch etwas gegeben ….

Onkel Otto

Onkel Otto war ein Kommunist. Wilhelm Pieck hat er noch persönlich gekannt, und der hat ihm auch manchmal aus der Patsche geholfen, wenn er es mit seinem Kommunismus mal wieder zu weit getrieben hatte. Meine Mutter liebte Onkel Otto.

Er blieb längere Zeit den ganzen Tag über zu Hause, er war – nach meiner Erinnerung – diesmal auch krankgeschrieben. Er arbeitete als Lagerist bei der HO. Bei der Betriebsfeier hatte er sich mit der Blauen Naht, dem Faschistenschwein, geprügelt und dabei ein ziemlich großes Loch am Kopf davongetragen. Ein Teil seiner schönen, welligen braunen Haare musste abgeschnitten werden.

Er ging dann längere Zeit abends nicht mehr weg. Eines Abends war er aber doch wieder unterwegs. Ich wusste, er war in der ›Sonne‹, denn ich war auch jeden Tag dort und holte Onkel Otto immer zwei Schachteln Turf und fünf Flaschen Lübzer hell – seine Tagesration. Manchmal waren wir beide auch zusammen in der ›Sonne‹. Onkel Otto am Stammtisch bei seiner sich selbst genehmigten Sonderration, ich vor dem Schanktisch, seine Ration für den nächsten Tag entgegennehmend.
Onkel Otto hatte ein gutes Herz. Das hat meine Mutter wenigstens immer gesagt. Aber meine Oma sagte immer »de olle Bäne«, denn das war sein Nachname.

Onkel Otto stammte aus Berlin und war ein Angeber, wie er im Buche steht. Als Junge hatte er schon die größten Kohlköpfe von ganz Berlin gezüchtet. Vierzehn Tage, bevor er pflanzen wollte, hat er die Pflanzlöcher ausgehoben. Dann hat er ganz einfach auf seine regelmäßige Verdauung gesetzt.
Meine Großmutter hielt nicht sehr viel von seinen Kunststücken. Ständig hatten die beiden miteinander was. Onkel Otto hatte viele neue Ideen. Meine Großmutter war dagegen für das Althergebrachte.

Das Düngen mit Kunstdünger hielt damals auch in Mecklenburg Einzug. Da wollte er glänzen. Ich musste zwei Handwagen voll auf der Verladerampe des Bahnhofs zusammenkratzen. Der Dünger war ätzend. Onkel Otto haute alles auf die grünen Erdbeerpflanzen. Bald war von den Erdbeeren nichts mehr zu sehen.

Onkel Otto verstand auch etwas von der Hühnerhaltung. Er behauptete, er habe vor dem Krieg eine Hühnerfarm betrieben. Wir setzten eine Glucke. Nach 21 Tagen schlüpfen die Küken. Am 20. holte er die Eier unter der Glucke raus und tat sie ins Wasser. Er sagte, wenn sie sich bewegen, sind Küken drin. Als er das machte, war keiner von uns dabei. Jedenfalls schlüpfte am nächsten Tag nur ein einziges Küken – und das ist sein Leben lang ein Zwerghuhn geblieben. In den anderen Eiern waren tote Küken. Er muss besoffen gewesen sein und viel zu viel heißes Wasser genommen haben.

Wie eingangs schon gesagt, Onkel Otto war vor allen Dingen ein großer Kommunist. Wir Jungs sammelten damals alle Briefmarken. Nur Wilfried blieb bei den Federn, die wir vor den Briefmarken ebenfalls alle gesammelt hatten. Onkel Otto hatte uns übrigens dazu animiert. Er hatte mir zu Weihnachten ein schönes Schaubeck-Briefmarkenalbum geschenkt. Das Album muss ihm auch über die Maßen gefallen haben, denn er benutzte es für seine eigene Sammlung. Mir schenkte meine Mutter zu Ostern dann ein Jugendalbum – das war auch sehr schön.
Onkel Otto hatte sehr gute russische Marken, die er aus dem Krieg mitgebracht hatte, meist doppelt und dreifach. Die doppelten tauschte er im Sammlerverein und mit meinen Freunden, und weil er Kommunist war, immer Marke gegen Marke, eins zu eins, ohne Rücksicht auf den Wert. Das hatten bald alle spitzgekriegt.

Meine Freunde kamen mit ihren Tauschalben, gefüllt mit allen möglichen Briefmarken aus aller Herren Länder im Wert von 2 Pfennig. 5 Pfennig und, wenn es hoch kam, 10 Pfennig zu uns. Sie gingen immer mit der gleichen Anzahl Briefmarken wieder nach Hause, aber der Wert ihrer Sammlung stieg jedes Mal. Onkel Ottos Album (ursprünglich meines) wurde immer dicker und seine Sammlung immer weniger wert.

Ganz anders verhielt sich dagegen Känz, ein Mieter in unserem Haus. Känz hatte in seinem Tauschalbum lauter hübsche große bunte Briefmarken, aber von diesen prinzipiell nur die billigen unter 10 Pfennig. Mit Herrn Känz tauschten meine Freunde auch viel. Über diesen hat sich Onkel Otto sehr entrüstet. Er wollte ihm immer mal so richtig eine muschen – hätte er es nur getan.

Eines Tages wurde er bei der HO entlassen. Warum weiß ich nicht mehr. Sicherlich nicht, weil er faul war. Er war ein guter Arbeiter. Oder hatte er selbst in den Sack gehauen? Er fing dann bei der Bahn im Gleisbau an und wurde dort Rottenführer. Er konnte zupacken.

Die Scharte mit den Hühnern wollte er unbedingt wieder auswetzen. Einmal brachte er in seiner großen schwarzen Aktentasche, die er immer mithatte, kleine gelbe Entenküken mit. Er sagte, er habe ein paar Wildenten eingefangen und würde sie nun in unserem Stall mästen. Meine Großmutter schimpfte, dass das keine Wildenten seien, sondern Hausenten, denn Wildenten wären nicht gelb, und er solle sie gefälligst wieder da hinbringen, wo er sie geklaut hätte.

So etwas kann man einem Kommunisten aber nicht zumuten, denn was mein ist, ist auch dein, und was dein ist, ist auch mein – und im Zweifelsfall gehört uns allen alles gemeinsam. Und sie solle auch mal bedenken, wie er sich bei den Briefmarken verhielte.

Es folgte das, was man den ›Fluch der bösen Tat‹ nennt. Onkel Otto verfiel auf die Idee, mangels Stroh Holzwolle als Einstreu zu verwenden. Davon müssen sie zu viel gefressen haben, denn bald waren sie alle mausetot.

Onkel Otto hat aber nie den Mut sinken lassen. Er ist immer seiner Devise treu geblieben, die man am besten mit dem typischen Berliner Spruch beschreibt: »Janz Berlin is eene Wolke, nur ikke bin zu sehn …«

Wir wohnten nicht weit von der ›Sonne‹, und wenn man die ganze Strecke schräg über die Straße ging, war es noch dichter. Kam mal ein Auto oder ein Motorrad, schlug Onkel Otto einen Haken; auf einen Schlenker mehr oder weniger kam es bei ihm meistens sowieso nicht an. Er wurde aber älter, und das Reaktionsvermögen hat auch bei ihm nachgelassen. Getrunken hat er deshalb nicht weniger.

Auch in der DDR gab es bald mehr schnelle Autos und Motorräder. Eines Nachts kam Onkel Otto mal wieder ziemlich spät in der gewohnten Weise aus der ›Sonne‹. Da hat ihn eins erwischt …

Als Erster abgegeben

Für die Mathematikarbeit haben wir zwei Stunden Zeit einschließlich dazwischenliegender Pause. Wer alle Aufgaben früher gelöst hat, kann seine Arbeit vorher abgeben und darf dann raus auf den Schulhof. Wilfried ist, wie auch sonst meistens, schon nach einer guten Stunde fertig und geht lange vor dem Nächsten raus.
Nachher vergleichen wir die eigenen Ergebnisse mit dem, was er rausgekriegt hat, und insoweit es mit seinen übereinstimmt, kann man sich die Zensur, die man bekommt, ausrechnen. Auf die Frage, wieso und warum er immer alles so schnell richtig fertig hat, bekommt man aber nichts Gescheites zu hören. Das weiß er wohl selbst nicht.
Wir sind auf einen Baum geklettert. Ich erzähle mal wieder Märchen. Alle hören gebannt zu, auch Wilfried; alle halten sich aber trotzdem gut fest, nur Wilfried nicht. Ich komme mit meinem Märchen diesmal nicht zu Ende. Wilfried rutscht ab, fällt vom Baum und bricht sich ein Bein.

Es ist Winter geworden, und drei Nächte war starker Frost. Die kleinen Seen haben eine geschlossene Eisdecke, und der große See ist am Rand auch schon zugefroren. Mal sehen, ob das Eis schon hält. Bis zur Barriere, die die Grenze für die Nichtschwimmer ist, kann man gehen. Wenn man dann einbricht, kann man nicht ertrinken.

Wir gehen einzeln aufs Eis und wieder runter. Wilfried als der Größte und Schwerste geht zuletzt und nimmt dieselbe Spur wie die anderen. Das Eis hat bei mir schon etwas geknackt. Aber davon habe ich nichts gesagt.
Kurz vor der Barriere bricht Wilfried ein. Das Wasser reicht ihm bis zum Bauchnabel. Ich sehe ihn noch heute vor mir, wie er sich umdreht und sich immer wieder mit den Armen auf die angeknackte Eisschicht stemmt, Scholle für Scholle abbricht und er sich allmählich ans Ufer zurückarbeitet. Wir anderen sehen verängstigt zu. Was sollen wir auch machen? Er kommt ja alleine wieder raus. Wir gehen schweigend nach Hause. Zu Hause kriegt er von seinem Vater den Arsch voll.

Infolge der Ziehung der innerdeutschen Grenze durch die Kommunisten bleibt mir der weitere Werdegang meines Klassenkameraden Wilfried unbekannt. Nachdem die Kommunisten diese Sache wieder aufgegeben haben beziehungsweise haben aufgeben müssen, findet ein Klassentreffen à la Nostalgie statt.
Mein Freund Hans-Werner, der seine Mathematikarbeit nie früher abgegeben hat, erzählt mir, dass er durch die DDR ganz gut durchgekommen sei und jetzt ein schönes Haus am See habe, obwohl er mit dem Lernen nicht viel im Sinn gehabt hat, das wüsste ich ja.

Manfred, der Organisator des Treffens, bittet um Gehör und verliest die Namen der inzwischen verstorbenen Klassenkameraden. Wilfried ist am längsten tot. Sein Verstand hat ihm anscheinend, abgesehen von den längeren Frühstückspausen in der Schule, wenig eingebracht. Er hat es halt nicht verstanden und wieder als Erster abgegeben.

Die Finanzierungslücke

Der junge Sachbearbeiter ist gerade frisch von der Ingenieursschule gekommen. Was seine Zeugnisse anbelangt, bringt er die besten Voraussetzungen für eine erfolgreiche Tätigkeit bei der ländlichen Entwicklungsgesellschaft mit. Besonders die moralischen Grundsätze, die für seine verantwortliche Stellung bei der Verteilung öffentlicher Mittel, die aus Steuergeldern resultieren, gelten sollten, sind in ihm gefestigt, und er ist entschlossen, jeglicher Unlauterkeit entschieden entgegenzutreten. Die von der Regierung erlassenen Finanzierungsrichtlinien kann er fast auswendig.

Die erste wesentliche Aufgabe, die man ihm anvertraut, ist die Förderung eines jungen Gärtnermeisters, der die von seinen Schwiegereltern übernommene Gärtnerei modernisieren will. Es sollen jene Investitionen, die ein zukünftig ausreichendes Familieneinkommen möglich machen, durchgeführt werden. Das Ganze läuft wie üblich auf eine Ausweitung der Betriebsstätten hinaus. In diesem Fall sogar auf eine Verlagerung des gesamten Unternehmens an den genügend Platz bietenden Rand des Dorfes. Die Gärtnerei der Schwiegereltern im Ortskern ist zu klein und bietet keine Ausdehnungsmöglichkeiten, obwohl diese dort ihr Leben lang glücklich und zufrieden gewesen sind, wie sie sagen.
An dem neuen Standort sollen in ausreichender Größenordnung

Gewächshäuser errichtet werden und sogar ein neues Wohnhaus. Eine prächtige alte Eiche mit weit ausladenden Ästen befindet sich auch dort. Die soll nicht gefällt werden, sondern in das neu entstehende Anwesen integriert werden. Der Fachberater für Gartenbau hat einen Betriebsentwicklungsplan aufgestellt. Demnach kann nichts schiefgehen, wenn nur das Investitionsvolumen eingehalten wird.

Der junge Sachbearbeiter und der junge Gärtnermeister sitzen nun mit den vielversprechenden Planungsunterlagen gemeinsam bei der Abschlussbesprechung und vor lauter Euphorie glänzen ihre Augen. Der Gärtner hat sein gesamtes Eigenkapital, annähernd 100.000 D-Mark, das seine Schwiegereltern erwirtschaftet haben und nun seiner Frau und ihm für ihren Neuanfang zur Verfügung stellen, mit angegeben. Der Sachbearbeiter hatte auch sehr ernsthaft darauf gedrungen, denn die Finanzierungsrichtlinien sehen das so vor. Wenn man in einem solchen Umfang Fördermittel vom Staat in Anspruch nimmt, ist es doch wohl auch das Mindeste, sein eigenes Vermögen mit einzusetzen und nicht etwa zu verjubeln.
Das mit der ländlichen Entwicklungsgesellschaft konkurrierende Unternehmen war aber auch da gewesen und muss dem Gärtner ein verlockendes Angebot unterbreitet haben, was vermutlich gerade diesen Punkt berührte, denn so ganz ohne Zögern hat er das vorhandene Eigenkapital doch nicht offenbart. Hier aber hatten sich die beiden Richtigen gefunden. Anständig wollten sie durchs Leben gehen. Krumme Touren verabscheuten sie.

Auch im Baugewerbe wird jedoch nur ›mit Wasser gekocht‹ und

mitunter sogar ›auf Sand gebaut‹. Den beiden miteinander konkurrierenden Planungsunternehmen standen dieselben ausführenden Baufirmen der Gegend zur Verfügung, wodurch im Ergebnis bei dem gleichen Vorhaben mit allzu großen Unterschieden bei den Baukosten nicht zu rechnen ist und es liegt noch im menschlichen Bereich, dass bei einer solchen Konstellation die Unternehmenspolitik dahin ausgerichtet ist, preisgünstiger anzubieten als eigentlich erwartet, um die Konkurrenz auszustechen und dies damit zu erreichen, indem man die zuständigen Mitarbeiter für entsprechende Dienste belohnt. Der zuständige Architekt der Entwicklungsgesellschaft, bei der der junge Sachbearbeiter angefangen hatte, konnte sehr niedrige Kosten ermitteln und bekam ein sehr gutes Gehalt.

Die Folge davon war natürlich, dass das eingeplante Geld nicht reichte, es entstand eine beträchtliche Finanzierungslücke, was beinahe schon das Übliche war, wie der junge Finanzierungssachbearbeiter später feststellen musste. Und da ein Unglück selten allein kommt, machte die ausführende Maurerfirma auch Fehler, gab diesc aber nicht zu, und in dem darauffolgenden Rechtsstreit saß der junge Gärtner nicht gerade am längeren Hebel.

Hätte man doch bloß nicht vor Baubeginn das gesamte Eigenkapital angegeben! Man hätte im nachhinein schließlich sagen können, die Schwiegereltern hätten nachträglich noch etwas beigesteuert … So etwas dachten sich beide, aber sprechen konnte der Sachbearbeiter mit dem Gärtner darüber nicht, denn er musste Rücksicht auf seine Firma nehmen. Auch betraf es ihn ja eigentlich nicht selbst.
Dem Gärtner aber ging der Schwung verloren. Anständige Men-

schen sind oft sensibel und neigen zu Selbstvorwürfen. Hinzu kam die kalte Härte der Banken, die immer mehr Zinsen haben wollen, je dringender man das Geld braucht. Eheprobleme kamen dazu.

Es gab zwar eine einigermaßen günstige Nachfinanzierung über die ländliche Entwicklungsgesellschaft, aber die Finanzierungslücke war in diesem Fall zu groß, um die Eckdaten der ursprünglichen Betriebskalkulation auch nur annähernd einhalten zu können. Die jährlichen Gewinne blieben mager und weit hinter den Erwartungen zurück.

Dennoch brachte der Gärtner jedes Jahr in der Adventszeit Weihnachtssterne in das Büro der Entwicklungsgesellschaft, über die alle Sekretärinnen in Entzücken ausbrachen. Ganz anders war es mit den Weihnachtssternen, die ein anderer, ebenfalls über die Gesellschaft geförderter älterer lebenserfahrener Gärtner schenkte und die danach auf der Fensterbank im Arbeitszimmer des Sachbearbeiters vertrockneten.

Eines Jahres kamen zur Adventszeit keine schönen Weihnachtssterne mehr. Der Gärtner hatte sich das Leben genommen.

Der Sachbearbeiter hat seitdem immer geschwindelt, wenn es um das zur Verfügung stehende Eigenkapital ging.

Der Architekt hat das Ende wohl nicht mitbekommen. Er war unterdessen an eine noch besser dotierte Stelle bei einer größeren Filiale der Entwicklungsgesellschaft versetzt worden.

Unachtsamkeit

Mit der Yacht von Andreas' Vater preschen sie in Douala los, in Richtung offenes Meer und Äquator. Sie haben so etwas noch nie vorher gemacht. Sie sind jung, ihre Eltern reich, und die Welt kostet sie nichts. Sie sind glücklich. Die Sozialdemokraten finden das zwar ungerecht, aber die sind nicht in Douala.

Das Motorboot ist schneidig und hoch gebaut. Unter der Reling ist ringsherum alles glatt, es gibt keinen Absatz, keine Kante, wenn die Luken dicht sind. Das ist wichtig wegen dem Wasserwiderstand und der zu erreichenden Geschwindigkeit.

Andreas steht am Ruder und gibt Gas. Der mächtige Bug geht hoch, und das Heck senkt sich. Es ist ein toller Tag. Keine Wolke, keine Wellen bis auf die, die vom Boot ausgehen. Amandas Hand liegt auf Andreas' Schulter. Die anderen vier sind auch ganz entspannt. Man könnte neidisch werden bei so viel Jugend, so viel unverbrauchter Kraft.

Das geht so weiter. Nichts als Himmel, Wasser, Tempo und Lärm. Dann nimmt Andreas das Gas weg und stellt den Motor ab. Der Bug kommt runter, das Heck hebt sich, die Fahrt hört auf. Es wird wärmer und alles ist still ringsum.

Ob es hier wohl Haifische gibt? überlegt Amanda. Die sind lieber in Australien, lautet die Antwort. Amanda ist nahtlos braun, und mit einem Hechtsprung ist sie im Meer, Andreas hinterher. Die anderen beiden Mädchen und Mark und Matthias können natürlich nicht nachstehen. Es ist schön. Bodenlose Weite, am Horizont stoßen Meer und Himmel zusammen. Ein leichtes Kribbeln ist auch da, aber kein Hai ist in Sicht, und das Boot bietet Sicherheit.

Matthias ist als erster schlapp und will wieder an Bord. Aber wie? Die anderen lachen. Matthias bringt wohl mal wieder nichts zustande.
Aber das Lachen vergeht ihnen schnell. Keiner kommt wieder aufs Boot, denn es gibt keine Einstiegsmöglichkeit. Man kann wohl ins Wasser springen, aber nicht wieder raus. Weder Hände noch Füße finden an der glatten Bordwand Halt, und die Reling ist nun auch am Heck zu hoch, um sie erreichen zu können.
Sie versuchen aufeinander zu kriechen. Sie sind geübte Taucher und können lange die Luft anhalten. Aber jeder Druck, der von oben kommt, bringt den Untersten nur tiefer ins Wasser. Wasser hat keine Balken …

Verzweifelt schwimmen sie um die Yacht herum. Da hängt das eine Hosenbein von Marks Segeltuchhose über die Bordkante. Liederlich wie er ist, hat er seine Sachen mal wieder nicht ordentlich zusammengelegt. Andreas kriegt das Hosenbein zu fassen - und hat die Hose in der Hand. Wäre Mark doch noch unordentlicher gewesen und hätte die Hose so hingeworfen, dass beide Hosenbeine runterhängen und ein Relingstab dazwischen!

Sie versuchen nun, aus einem Hosenbein eine Schlinge zu formen, um dann damit nach einem Halt oben werfen zu können. Aber es gelingt nicht. Hätten sie doch nicht nackt gebadet, dann hätten sie aus ihren Badehosen etwas zur Rettung basteln können! Marks derbe Segeltuchhose können sie mit bloßen Händen und den Zähnen nicht umfunktionieren.

Mit nachlassenden Kräften machen sie sich an der Schiffsschraube zu schaffen, dem einzigen für sie erreichbaren festen Gegenstand. Mit einem solchen Eisenteil könnten sie die Bordwand einschlagen, und es ergäbe sich ein Halt für Hände und Füße.

Aber die Schraube sitzt fest, soviel sie auch danach tauchen und daran herumreißen. Sie schreien um Hilfe und scheuchen damit lediglich die Wasservögel auf, die sich unterdessen auf dem unbemannten Schiff niedergelassen haben.

Zurück bleiben sechs Kleiderhäuflein auf dem Deck, bei einem fehlt die Hose.

Gummibärchen

Manfred Achtermanns Charakteristik ist am besten auf ›zerstreuter Professor‹ zu bringen. Er ist zwar nicht Professor, dafür aber umso mehr zerstreut. Dazu passt natürlich gar nicht, dass er wegen seines geringen Selbstvertrauens ganz leicht aus der Fassung gerät, und seine mit dem Alter stetig zunehmende Vergesslichkeit ebenso wenig.

Die jungen Leute wollen diesen Urlaub wieder ans Rote Meer zum Tauchen. Da können sie den kleinen Felix natürlich nicht mitnehmen. Manfred findet das nicht richtig, er findet sowieso alles nicht richtig, was seine Schwiegertochter so im Kopf hat und sagt ihr das auch unverblümt. Die wahre Liebe ist zwischen den beiden noch nicht aufgekommen, um es gelinde auszudrücken. Es entstehen ständig unliebsame Auseinandersetzungen – ebenfalls vorsichtig ausgedrückt. Aber den kleinen Butscher, sein einziges Enkelkind, liebt er dafür umso mehr.

Was bleibt ihm denn auch sonst noch mit seinen 72 Jahren? Seine Frau ist vor einem Jahr gestorben. Woran, hat man letztlich nicht feststellen können, und wenn bei Manfred der Groll so richtig hochsteigt – und das passiert leider immer häufiger in letzter Zeit – bekommt daran auch die Schwiegertochter Schuld, denn die und seine Elfi hatten sich immer fürchterlich gezankt, besonders auch wegen des Kleinen.

Zuletzt hatte die Schwiegertochter seiner Frau sogar das Haus verboten, worüber diese sich sehr gegrämt hat, zu Tode gegrämt, wie er meint. Wenn dann aber doch mal ein Sonnenstrahl in sein Gemüt eindringt, was leider immer seltener geschieht, muss er sich sagen, dass es wohl doch nicht alles so die Realität ist – und zum Streiten gehören zwei.

Manfred hat sich auf Wunsch seines Sohnes breitschlagen lassen, der – wie er es immer macht – zwischen seiner Frau und seinem Vater vermittelt hat. Und nimmt den kleinen Felix zu sich, während seine Eltern im Urlaub sind. Letztlich ja auch wegen seines Lieblings ganz gerne.

Aber langsam wird es ihm nun doch sauer. Er hat nicht mehr die Nerven, der Bengel macht ihn verrückt. Alles will er begrapschen, ablutschen, umstoßen und ist dabei schon ganz mobil. Kann vorwärts robben, sich aufrichten, die Seitenwände seines Laufställchens sind für ihn kein Hindernis mehr. Man kann ihn nicht allein lassen, ohne ihn zu fixieren. Aber dann schlägt er Krach.

Heute hat er es mit den Gummibärchen, die der Alte ihm auf Anraten hin gekauft hat. Die haben es ihm besonders angetan. Er stellt alles Mögliche damit an, und das geht damit ja auch gut. Immer neue will er haben, sonst fängt er an zu schreien. Nun sind sie alle, aber das sieht er nicht ein. Was soll Opa machen?

Übrigens ist es auch schon Mittag, und Manfred weiß immer noch nicht, was sie essen sollen. Die Hipp-Gläschen sind schon wieder aufgebraucht, und da will der Kleine sowieso nicht mehr so recht ran. Ach, machen wir wieder Grießbrei, denkt er und stellt den Gasherd schon mal an.

Da geht das Gezeter wegen der Gummibärchen wieder los. Felix hat die leere Tüte entdeckt, die neben dem Gasherd auf der Fensterbank oben auf dem Zeitungshaufen liegt. Ohne Gummibärchen kehrt keine Ruhe ein, sagt sich der Alte und verlässt fluchtartig den Raum, steigt ins Auto und will zur Post, wo es als einzige Stelle im Ort Gummibärchen gibt. Es ist aber schon nach eins, wie er auf der Uhr im Auto sieht. Da hat die Post schon zu.
Es hilft nichts. Gummibärchen soll der Junge haben, wenn es ihn so danach verlangt, und Manfred fährt in die nächste Stadt zum Supermarkt. Außerdem kann er bei der Gelegenheit auch noch was Ordentliches für sie beide zum Mittagessen kaufen. Nach einem langwierigen, aber gelungenen Einkauf fährt er mit sich selbst zufrieden wieder nach Hause.

Aber was erwartet ihn dort! Vor der Tür stehen die Feuerwehr und ein Krankenwagen. Aus dem Haus qualmt es noch ein bisschen. Sie haben den Brand schnell unter Kontrolle gebracht. Aber die Feuerwehrmänner – Manfred kennt einige von denen – sehen gar nicht glücklich aus und erschrecken, als er mit seinem Auto vorfährt. Erwin hält etwas in seinen Armen. Es ist der kleine Felix, und er ist tot. Er muss bei dem Brand erstickt sein.

Bald erscheint auch die Kriminalpolizei, wie in solchen Fällen erforderlich. Manfred kann die Beamten restlos davon überzeugen, dass hier keine Kriminalität vorliegt. Er braucht dazu nicht viel zu reden. Ob es ihm jedoch gelingen wird, sein Gewissen zu beruhigen und ob er nochmal Freude am Leben finden kann, muss dahingestellt bleiben.

Der unverständige Nazi

Sie haben die Häftlinge an die Wand gestellt. Siegfried wird dem Erschießungskommando zugeteilt. Er weigert sich. Seinen Führer hat er immer sehr geliebt, in letzter Zeit sind ihm zwar einige Zweifel gekommen, aber so etwas kann der nun wirklich nicht wollen. Das kann Siegfried nicht verstehen.
Der KZ-Kommandant lässt aber nicht locker. Er hat hier die Befehlsgewalt und geht aufs Äußerste. Da wirft sich Siegfrieds Sturmbandführer Erich, mit dem er an der Front durch dick und dünn gegangen ist, dazwischen. Es kommt zu einem heftigen Wortwechsel zwischen dem KZ-Kommandanten und dem Befehlshaber der kleinen Schutztruppe der Waffen-SS, die dem sich auf der Flucht befindlichen KZ zur Sicherheit beigeordnet, aber nach Erichs Ansicht nicht untergeordnet ist.

Lautstark und mit vor Zorn gerötetem Gesicht fordert der KZ-Aufseher: »Alles was nicht mehr laufen kann, wird erschossen, damit der Rest schneller vorankommt!« Keiner der Streitenden gibt nach. Die Sache zieht sich in die Länge. Der von Osten her immer stärker anschwellende Geschützdonner dringt nicht in das Bewusstsein der außer sich geratenen Kommandeure.

Plötzlich ein Pfeifen und Krachen, eine Granate ist ganz in ihrer

Nähe eingeschlagen. Der KZ-Kommandant starrt vor Schrecken in die Runde. Fängt sich aber sogleich wieder und schreit: »Der Iwan kommt!« und stürzt auf das Mannschaftsauto zu, zusammen mit ihm die anderen KZ-Schergen, alles stehen und liegend lassend. Aus dem losbrausenden Auto hört man ihn noch brüllen: »Wir sehen uns vor dem Kriegsgericht wieder!«, und eine geballte Faust, aus dem Verdeck des Lkw ragend, ist das Letzte, was man erkennen kann, bevor das Auto Richtung Westen verschwindet. Die Mitglieder der Waffen-SS ziehen sich nun auch vor den in Übermacht anrückenden Russen zurück, um die Häftlinge kümmert sich keiner mehr.

Auf der Flucht vor der Roten Armee gelangen die SS-Soldaten nun in eine menschenleere öde Gegend und stoßen auf einen großen See, den sie umgehen müssen. In Siegfrieds Kopf arbeitet es mächtig, denn er befindet sich sozusagen zwischen Baum und Borke. Erwischen ihn die Russen, so kontrollieren sie bestimmt seine Achselhöhle, finden dort die Blutgruppentätowierung* und machen kurzen Prozess mit ihm.

Schlägt sich sein Trupp aber zur deutschen Wehrmacht durch, so wird der KZ-Kommandant bestimmt dafür sorgen, dass er vor das Kriegsgericht kommt, und dort wird man ihn wegen Befehlsverweigerung zum Tode verurteilen. Siegfried bespricht sich mit Erich, und sie gelangen zu dem Ergebnis, dass es das Beste sei, er bleibt hier zurück und versteckt sich im Wald.

---

* Die Blutgruppentätowierung in der Achselhöhle war ein Kennzeichen der Mitglieder der SS.

Erich sorgt dafür, dass ein reichlicher Teil aus dem Depot für ihn beiseite geschafft wird. Hier ist zwar unnötig viel an Kernseife und Rasierklingen dabei, denn in den letzten turbulenten Wochen hat sich bei dem immer hektischer werdenden Rückzug kaum noch einer ordentlich gewaschen und rasiert. Ausgenommen Siegfried, der in puncto Reinlichkeit immer sehr penibel gewesen ist.

Offenbar umgeht die Rote Armee den großen See in einem weiten Bogen und durchkämmt den Wald, in dem Siegfried sich befindet, überhaupt nicht, so dass er sich gar nicht in einem Erdloch hätte zu verstecken brauchen. In seiner unmittelbaren Umgebung bleibt alles still. Den Geschützdonner hört er nur aus weiter Ferne aus nordwestlicher Richtung. Es gilt jetzt nur noch, sich mit der neuen, völlig ungewohnten Lage abzufinden. Dabei kommt Siegfried zugute, dass er als Schuljunge – wie die meisten Jungs damals – ›Robinson Crusoe‹ gelesen hat.

Er erweitert zunächst das Erdloch und baut ein festes Verdeck darüber. Ansonsten kommen ihm in der nächsten Zeit seine praktische Veranlagung und sein ohne unnötige Schnörkel ausgestatteter Geist zu Hilfe. Ja, und wie schon gesagt, die Lektüre des Robinson in seiner Jugend, was auch unserem Erzähler die Sache insofern erleichtert, indem er bezüglich des nun zu fristenden Dasein unseres Helden einfach auf dieses gute Buch hinweisen kann.

Dazu sollte man aber vielleicht doch noch sagen, dass Siegfried ursprünglich aus dem Allgäu stammt, sein Vater dort Holzfäller war und er selbst den Beruf eines Zimmermanns erlernt hat. Seine körperliche Gesundheit stand immer zum Besten und die nun notgedrungen einsetzende, ganz natürliche Ernährung verstärkt diese noch: Beeren und Pilze des Waldes, dazu ab und an ein zuerst in der Schlinge gefangenes und später, als sich die Furcht vor der Entdeckung gelegt hat, auch geschossenes Stück Wild sowie bei etwas weiteren Streifzügen ein in den vielen dort vorhandenen Seen geangelter Fisch.

So gelingt es Siegfried zu überleben – und das ist eigentlich zu wenig gesagt. Besser wäre es zu sagen, er richtet es sich in dieser Einöde ein und findet sich mit seinem Schicksal ab, denn die Entdeckung durch die Menschen muss er fürchten. Ungeachtet dessen, ob ihn die Russen oder die Deutschen finden. Was ist in der Zwischenzeit passiert? Wie ist der Krieg ausgegangen? Wie steht es um seinen geliebten Führer? Egal, er kann von keiner Seite Gnade erwarten.

Eines Tages setzt plötzlich das Schießen wieder ein. Seltsamerweise kommt es aber wieder aus östlicher Richtung. Sollten die Deutschen die Russen doch noch zurückgeschlagen haben? Das allerdings kann er sich beim besten Willen nicht vorstellen. Zumal die Amerikaner auch noch in den Krieg eingegriffen hatten und Deutschland von zwei mächtigen Feinden sowie vielen anderen richtig in die Zange genommen wurde.

Und warum schießen die Russen jetzt mit so mieser Munition? Die Dinger zerplatzen meist schon in der Luft, bevor sie einschlagen, und was dann runterkommt, kann seinem Bunker, den er zwischenzeitlich erweitert und ausgebaut hat, nichts anhaben. Sobald die

Schießerei beginnt, braucht er dort nur hineinzugehen. Außerdem erfolgt das Feuer der Russen unsinnigerweise ganz regelmäßig, so dass der Feind immer weiß, wann er in Deckung gehen muss. In solchen Dingen war der Iwan doch sonst vorher schlauer gewesen. Ihm persönlich kommt in dieser Beziehung seine gute Schweizer Uhr, Marke Omega, zustatten, wobei er bislang nie versäumt hat, sie morgens und abends regelmäßig aufzuziehen.

So vergehen viele Jahre. Menschen bekommt er in diesen Jahren nur ganz selten zu sehen, und wenn wirklich mal welche auftauchen, bemerkt er sie immer früher als diese ihn und versteckt sich dann. Einmal kamen welche ganz in die Nähe seines Bunkers, den er natürlich auch gut getarnt hat. Eigentlich hätten die aber doch etwas merken müssen, denn er war draußen beschäftigt und wurde erst relativ spät auf sie aufmerksam.
Die Männer waren in lustiger Stimmung und ballerten mit ihren Gewehren herum, so dass das Wild aufgescheucht wurde und in panischer Angst durch den Wald hetzte. Der eine sprach Russisch, der andere Deutsch, aber das Ganze glich mehr einem Lallen. Nur ein Dritter, der mal Russisch und mal Deutsch sprach, wirkte etwas gesetzter und hatte kein Gewehr bei sich. Hunde waren auch dabei, und die reagierten mit wachsender Unruhe, als sie immer näher an Siegfrieds Unterschlupf kamen, so dass es ihm doch ziemlich mulmig zumute wurde. Die Männer jedoch waren so mit ihrem Gerede und ihrer unsinnigen Knallerei beschäftigt, dass sie ihn nicht wahrnahmen.

Siegfried konnte sich das alles nicht erklären.

So vergingen die Jahre, und Siegfried war zu einem perfekten Einsiedler geworden. Man kann sogar sagen, auf seine Art zu einem Lebenskünstler. Und sicher ist es eine Kunst, aus einer solch misslichen Lebenssituation etwas zu machen. Dazu verhalf Siegfried aber nicht das, was man normalerweise unter einer künstlerischen Begabung versteht, sondern sein Charakter und seine Standfestigkeit. Die ihm in seiner Jugend anerzogenen Tugenden sind bei ihm auf einen guten Nährboden gefallen.

Vergessen darf man dabei natürlich nicht, dass Siegfried im Grunde seiner Seele eher einfältig ist - und damit unkompliziert. Aber ist das etwas Schlechtes? Ihm ist zweifellos etwas ganz Außergewöhnliches gelungen. Eigentlich braucht der Mensch die Reibung an anderen Menschen, daran kann er sich orientieren. Bleibt diese aus, so wird er das, was man gemeinhin als ›verrückt‹ bezeichnet. Nur ganz außergewöhnlich grundsatztreue, in sich gefestigte Naturen können wohl nach jahrzehntelangem völligem Alleinsein wieder in die Gesellschaft hineinwachsen.

Aber irgendwann zerplatzt jede Seifenblase. Eines schönen Sommertages – Siegfried, der nun auch in die Jahre gekommen ist, ruht sich nach dem Mittagessen gerade etwas aus, denn er hatte sich zuvor einen großen Barsch geangelt und diesem Leckerbissen reichlich zugesprochen – hört er ganz in seiner Nähe aufgeregtes Hundegebell und aus der Ferne eine Männerstimme: »Christa, komm hierher, kommst du wohl!« In letzter Zeit war es überhaupt unruhiger im Wald geworden, und Siegfried konnte seinen Bunker manchmal sogar den ganzen Tag nicht verlassen.

Das Tier kommt nun immer näher und es dauert nicht lange, bis ein riesengroßer zotteliger Hund Siegfried gegenübersteht. Als der Hund Siegfried bemerkt, erschrickt er fürchterlich. Zittert am ganzen Leibe, wedelt dabei aber trotzdem heftig mit dem Schwanz. Ab und zu bellt er wieder und weiß nicht vor noch zurück. Und nun taucht auch ein Mann aus dem Unterholz auf und ruft: »Christa, reg dich nicht auf, komm her!« Er hat keine Haare, obwohl er noch ziemlich jung zu sein scheint, hat eine derbe blaue Hose an und ein weites Oberhemd, das vorne geblümt ist, und auf dem Rücken ist ein großer Negerkopf aufgestickt. Das Hemd trägt er über der Hose.

Nun hat man Siegfried entdeckt, aber Angst kann er bei diesen beiden eher nicht empfinden. Ganz im Gegenteil, sowohl Herr als auch Hund scheinen über seinen Anblick ziemlich erschrocken zu sein. Jetzt kommt der Hund aber immer noch schwanzwedelnd auf ihn zu und will an ihm hoch. »Christa, benimm dich!«, ruft der Mann.

Siegfried streichelt den Hund – sie haben früher, als er noch ein kleiner Junge war, auch einen Hund gehabt. An seinen Bello erinnert er sich jetzt. Der Fremde wird nun redselig, und Siegfried kommt aus dem Staunen nicht mehr heraus. Der Andere scheint auch ein Deutscher zu sein, denn Deutsch ist es, was er meistens spricht. Er streut wohl immer wieder etwas Amerikanisches mit ein, doch das hat er sich wohl nur so angewöhnt.

Siegfried erfährt, es gibt schon ewig keinen Krieg mehr. Und der Führer habe, bevor man ihn überhaupt gefangen nehmen konnte, Selbstmord begangen. Der Krieg muss gleich aus gewesen sein, als

Siegfried sich von der Truppe abgesondert und versteckt hat, und diese Gegend hier sei schon immer ein Naturschutzgebiet gewesen. Siegfried hört dann etwas über die Teilung Deutschlands. Auch dass in dieser Gegend DDR-Bonzen ein Feriendomizil besaßen, von dem aus sie gemeinsam mit ihren Freunden – besonders den höchsten Kommunisten der Sowjetunion – viel auf Jagd gegangen seien.

Aber das sei jetzt Gott sei Dank vorbei. In dem Nationalpark, wie sich das Naturschutzgebiet heute schimpft, sei nach 1945 über viele Jahre ein Truppenübungsplatz mit Schießstand für Artillerie gewesen – ausgerechnet in dem Bereich, wo sie sich gerade befinden.

Siegfried erfährt dann auch, dass sich während seines sehr langen Einsiedlerlebens überhaupt vieles verändert hat – alles zum Guten hin, wie der Mann betont. Er vernimmt etwas über Atombomben und dass es seit 1946 keine richtig großen Kriege auf der Welt mehr gab. Er hört etwas über das Wirtschaftswunder und dass es den Menschen im Allgemeinen heute viel besser gehe als früher.

Sein neuer Freund beteuert, dass Siegfried überhaupt nichts zu befürchten habe, wenn er sein Versteck verlässt und wieder normal unter Menschen lebt. Man würde ihn sogar mit Freuden aufnehmen, es würde sicher ein großes Hallo geben, wie er sich ausdrückt. Er kenne den Bürgermeister der nächstgelegenen Stadt gut, und Siegfried solle am besten gleich mit ihm kommen. Er würde ihn mit dem Auto, das er gar nicht mal so weit entfernt von hier geparkt habe, mit in die Stadt nehmen.

Siegfried kommt das alles trotz seines soeben gefassten Vertrauens zu dem Mann – diese Vertrauensseligkeit gehört zu seiner einfachen

unkomplizierten Natur – doch recht spanisch vor. Er ist überwältigt und vieles übersteigt sein Vorstellungsvermögen.
Allmählich wird es dem Hund zu langweilig und er wird unruhig. Der Fremde unterbricht etwas ungnädig seine Rede, wendet sich dem Hund zu und wirft ihm einen kleinen bunten Gegenstand hin, der die Form eines Knochens hat. Der Hund gibt aber auch mit Knochen keine Ruhe, und Herrchen bemerkt: »Wir müssen weiter«, und will die Sache mit Siegfried auf den Punkt bringen.
Siegfried ist klar, dass man ihn ohnehin entdeckt hat, und wenn man ihm tatsächlich noch etwas anhaben wollte, dann könnte man das jetzt tun. Eine Flucht würde ihm in seinem Alter wohl nicht mehr gelingen. So gibt er denn dem Drängen des Mannes nach, man trifft eine Verabredung für den nächsten Tag im Rathaus beim Bürgermeister der Stadt um 13:00 Uhr. Sein Entdecker würde auch anwesend sein. Dieser drückt ihm noch eine Karte mit dem Wegenetz in die Hand und will rasch einige Ausführungen zu dem einzuschlagenden Weg machen. Aber Siegfried winkt ab. Er habe einen guten Kompass, und insofern bräuchte er ihm nur die Himmelsrichtung angeben. Das sei Nord/Nord/West, erwidert sein Entdecker geflissentlich und läuft seinem Hund nach.

Am nächsten Morgen macht Siegfried besonders sorgfältig Toilette. Von der Kernseife und den Rasierklingen hat er immer noch etwas vorrätig, aber über seine Bekleidung braucht man hier wohl kein Wort zu verlieren. Auch über seine Gedanken und Gefühle, die auf ihn einstürzen, als er sich zu dem mittels seines Kompasses und seiner guten Schweizer Uhr zum genau vorkalkulierten Zeitpunkt in Marsch setzt, kann man sich wohl so seine Vorstellungen machen.

Er findet die Stadt am Nordufer des großen Sees gelegen. Um in die Stadtmitte zum Rathaus zu gelangen, muss er als erstes eine Chaussee, die recht breit ist und auf der viele weiße Linien gezogen sind, überqueren. Wie bei der Hitlerjugend gelernt, sieht er erst nach links, und dann, nachdem er sich davon überzeugt hat, dass das dort befindliche Fahrzeug noch weit genug entfernt ist, geht er los. Er ist aber noch lange nicht in der Fahrbahnmitte, als er durch das Quietschen von Bremsen aufgeschreckt wird. Einer schreit wütend: »Idiot!«

Siegfried beschleunigt nun seinen Schritt, und gleich darauf geht das Quietschen und Schimpfen aus der entgegengesetzten Richtung los. Siegfried denkt im ersten Moment: ›Wenn wir so schnelle Fahrzeuge gehabt hätten, hätten wir den Krieg vielleicht doch noch gewinnen können.‹ Er findet das Rathaus wie beschrieben, und zehn vor eins steht er vor der Tür, wie ihm ein Blick auf seine Omega bestätigt. Von seinem Sinnieren ist er abgekommen wegen der vielen Menschen, die ihm so plötzlich begegnen.

Es ist eine bunte Gesellschaft, kein einheitlicher Stil, keine einheitliche Ausrichtung, wie er das von seiner Jugend her kennt. Aber Uniformierte sind auch darunter, sogar Frauen. Es ist gerade Schützenfest in der Stadt. ›Schicken die ihre Frauen jetzt in den Krieg?‹, fragt er sich unwillkürlich. Er findet das unedel, nicht männlich, sogar feige. Aber dann fällt ihm das Gespräch mit dem Mann von gestern wieder ein.

In einem gleichen sich die Leute. Sie machen allesamt einen Bogen um ihn. Er hört, wie ein kleiner Junge zu seiner Mutter sagt: »Wer ist denn das?«, und diese erwidert: »Der ist wohl aus dem Zirkus«, wobei sie in Richtung des großen Zeltes weist, das auch auf dem Schützenplatz aufgebaut ist. Die Antwort der Frau ärgert Siegfried ein wenig; schließlich ist er ein tapferer, vorbildlicher Soldat gewesen, der für sein Vaterland alles gegeben hat. Aber es ficht ihn nicht an, er ist sich seines Wertes wohl bewusst.

Er geht seinen Weg, wie er ihn sich vorgenommen hat und betritt das Rathaus. Er soll in die vierte Etage kommen, wie ihm sein Freund von gestern erklärt hat. Aber er findet die Treppe nicht. Eine junge Frau bemerkt sein Suchen und zeigt ihm eine Stelle, wo öfter ein buntes Licht angeht und dann in anderer Farbe wieder aufleuchtet. Da drückt sie auf einen ebenfalls dort angebrachten großen Knopf, und nach einer Weile geht ein Tor auf, hinter dem sich ein großer hoher Kasten befindet. Den soll er nun betreten. Die Dame fragt, wo er hin will, und nachdem er ihr das gesagt hat, geht es drinnen mit der Knöpfedrückerei weiter. Mit einem kleinen Ruck bewegt sich alsbald der Kasten nach oben.

Siegfried denkt, unterdessen wäre er schon zweimal die Treppe hoch gewesen, aber als Kavalier alter Schule hüllt er sich natürlich in Schweigen. Es fällt ihm auch ein, dass er so etwas schon kennt. In München, wo er als Zimmermannsgeselle noch kurze Zeit arbeitete, bevor er zur SS ging, war er in einem Hochhaus auch mal in solch einem Monstrum gefahren. ›Fahrstuhl‹ nannten sie das beziehungsweise ›Paternoster‹, denn der damals in München stand nicht still, man musste beim Aus- und Einsteigen höllisch aufpassen.

Im Aufzug hat er Gelegenheit, die junge Frau näher zu betrachten. Ihm fällt auf, dass er immer noch an die gleichen Stellen schaut wie früher und er schämt sich ein bisschen. Aber gerade wegen dieser Stellen gefällt sie ihm, und es erinnert ihn an seine Erika. Jenes Mädchen, das er in München kennengelernt hatte und mit dem er sich verloben wollte. Ihm wird warm ums Herz, aber dann wird er traurig, so tief traurig, ein Gefühl, wie er es all die Jahre in seiner Einsamkeit nicht mehr verspürt hat. Er muss an seinen Kameraden Hans denken, wie der unter seinen Händen verblutet ist. Der hatte ihm so oft ein Bild von seiner Freundin gezeigt. Ein hübsches Mädchen mit schwarzen Locken.

Die junge Frau steigt mit ihm zusammen in der vierten Etage aus und geht voran in einen Saal. ›Sitzungssaal‹ steht über der Tür. Das ist der Ort, wo er hinkommen soll, und nach dem vielen schmutzigen Geschirr, das da noch auf den Tischen steht, zu urteilen, muss da wohl gerade allerhand losgewesen sein. Sein Eintritt scheint die Frauen, die sich in dem Saal befinden, aber zu überraschen, und sie ziehen sich alle durch eine Tür zurück, die von alleine aufgeht und sich wieder schließt. Bei der Tür, durch die er hereingekommen ist, war es übrigens auch nicht anders.

Ob die Türen zu diesem Sitzungssaal auch bei jedem von alleine funktionieren oder nur bei bestimmten Personen auf ein geheimes Zeichen hin, fragt Siegfried sich im Stillen, wie er es auf den Schulungslehrgängen bei der SS gelernt hat. Immer vorsichtig und mit einem gesunden Maß an Misstrauen. Aus einer anderen Tür, die auch auf dieselbe Weise funktioniert, tritt nach einer Weile eine ältere sehr attraktive Dame in den Saal und geht auf Siegfried zu. Er denkt, dass die Frauen, wenn überhaupt, nur sehr wenig gegenüber

seiner Jugendzeit verloren haben, nur etwas vorlaut sind sie geworden. Wogegen mit den Männern wirklich kein Staat mehr zu machen ist.
Die resolute ältere Dame begrüßt ihn sehr freundlich, sie bittet ihn, an einem der Tische Platz zu nehmen und bietet ihm einen Kaffee an. Sie stellt sich als Stadträtin vor, sie sei für den Bereich Ordnung zuständig. Sie serviert Siegfried höchstpersönlich den Kaffee, in der anderen Hand hält sie dabei ständig ein kleines Ding. Was will sie denn damit? Höchst verdächtig, denkt Siegfried.

Nun geht sie mit diesem Teil auch noch in eine Fensternische und tut so, als ob sie Selbstgespräche führt. In Wirklichkeit schaut sie dabei immer auf das Ding, und im Ohr hat sie auch etwas anderes als Ohrringe. Nun tritt auch noch eine dieser uniformierten Frauenzimmer, von denen er draußen schon so viele gesehen hat, auf diese höchst verdächtige Weise in den Saal, und beide Frauen tuscheln miteinander. Die angebliche Stadträtin kommt nun wieder zu Siegfried, der inzwischen von dem ungewohnten Kaffeegenuss heftige Leibschmerzen bekommen hat. Was mögen die da wohl hineingemischt haben?
Die Frau sagt: »Ich habe soeben mit dem Bürgermeister gesprochen. Daraufhin hat er seine um 14:00 Uhr begonnene Festrede im Schützenhaus sofort abgebrochen, er müsste jeden Augenblick wieder hier sein. Wir alle können sehr gut verstehen, dass Sie sich in der schrecklichen Lage, in der Sie sich befinden, ein wenig verspätet haben.«

Nun ist die Sache klar, man hat ihn in eine Falle gelockt, durchzuckt es Siegfrieds Gehirn, denn seine getreue Omega zeigt erst zehn nach eins an. Er springt auf und rennt zu der Tür, durch die er hereingekommen ist, und sie geht auf – weil dahinter gerade ein fein gekleideter Herr mit einem grünen Hut mit Gamsbart steht und hinein will. Hinter ihm eine ganze Korona an Fotografen und Schützen in Uniform.

›Da hab ich noch mal Glück gehabt‹, sagt sich Siegfried und stürzt an der verdutzten Meute vorbei, und sein für solche Situationen geschulter Geist lässt ihn sofort den in hinterster Ecke angebrachten Notausgang erkennen. Da durch! Und er gelangt auf eine außer Haus gelegene Wendeltreppe. Schnell da runter und im Laufschritt um die nächste Ecke. Nun ruhig Blut, denn sie müssten ihn ja jetzt aus den Augen verloren haben.
Sein Blick fällt auf die Kirchturmuhr. Sie zeigt 14:15 Uhr an. Haben die doch tatsächlich auch die Kirchturmuhr verstellt, um ihn zu fangen! Aber ganz klar ist ihm das alles doch nicht. Sollte der Mann gestern tatsächlich so falsch gewesen sein – und wenn ja, warum?

Nun kommt er an einer Litfaßsäule vorbei, und sein Blick fällt auf eine Zigarettenreklame. Da sind schöne Menschen abgebildet, die Zigaretten rauchen. Das wird das Erste sein, wenn er wieder Geld hat, denkt er. Endlich wieder eine smöken. Ganz unten bei der Werbung ist aber in großen fetten Buchstaben zu lesen: »Rauchen kann tödlich sein.« Wie sind die Menschen doch verlogen und falsch geworden! Erst vergiften sie die Zigaretten, dann animieren sie einen, welche zu rauchen, und im gleichen Zuge weisen sie auf die damit verbundene Lebensgefahr hin. Mit denen möchte er lieber doch nichts mehr zu tun haben …

Auf der rechten Straßenseite steht ein riesiger Kasten, und vorne guckt einer ganz freundlich raus. Nun sieht Siegfried auch vier Räder darunter. Diese Kiste muss ein Autobus sein. Der Fahrer freut sich über den Fahrgast, der gerade noch angelaufen kommt und öffnet die automatisch funktionierende Tür. Da werde ich nicht noch einmal drauf reinfallen, sagt sich Siegfried und läuft daran vorbei.

Der Fahrer ärgert sich natürlich und drückt auf seine mächtige Hupe. Er wird sich doch nicht von so einem Dahergelaufenen foppen lassen. Siegfried, dem das Sirenengeheul vom Kommiss noch allzu geläufig ist, läuft schneller, und der Busfahrer schickt ihm noch eine gehörige Salve nach. Über die Chaussee kommt er diesmal besser rüber. Es hatte wohl ein anderer Passant die nicht weit entfernte Fußgängerampel betätigt.

Aus der Stadt raus, wieder auf den einsamen Wegen, beruhigt Siegfried sich langsam; er hat ja auch ein starkes Herz. Es verfolgt ihn auch keiner. Nur etliche Radfahrer sind hier unterwegs. Sie sind kakelbunt angezogen, haben aber fast alle einen Helm auf dem Kopf. Den wahren Sinn darin kann Siegfried nicht erkennen. Er sieht keine Gefahr. Keine Feindberührung weit und breit in Sicht. Mit dieser gemischten Truppe werden sie wohl auch keinen Blumentopf gewinnen können, denkt Siegfried nun etwas ironisch. Die Radfahrerinnen und Radfahrer zeigen sich zu seiner Überraschung sehr zuvorkommend – eine wie die Andere (einer wie der Andere) – und grüßen den seltsamen, ihnen aber doch irgendwie ähnlichen Wandervogel allesamt freundlichst.

So gelangt Siegfried wieder in seinen Wald, und die Geräusche des Waldes, die eigentlich keine Geräusche sind, erfassen sein Gemüt und beruhigen ihn vollends. Und das alles verdankt er seiner guten alten Omega, die natürlich nicht von alleine im Sommer eine Stunde vorgeht.

Wie es mit Siegfried weitergegangen ist, weiß keiner. Wenn er nicht gestorben ist, müsste er eigentlich heute noch da sein.
Als ich neulich auf dem hohen Turm gewesen bin, den sie jetzt dort errichtet haben, stieg ganz in der Nähe eine feine Rauchsäule auf. Ob Siegfried da gerade gekocht hat?

Wetteraussichten

Es soll mal wieder eine Wanderung gemacht werden. Dabei sollte aber einigermaßen schönes Wetter sein. Und als Familienvater obliegt Hans-Heinrich die Terminierung.

Zuversichtlich wählt er auf dem Telefon die Nummer der Wettervorhersage und dringt beim ersten Versuch gleich bis zur Warteschleife vor. Es ertönt auch schon ein hübsches Wanderlied. Dann kommt eine sehr freundliche Stimme, die ihn beglückwünscht, dass er sich an eine gute und vielseitige Auskunft gewandt hat und die ihm dann sämtliche Dinge aufzählt, über die sie Auskunft geben kann und ehrlich, wie die Dame ist, sagt sie auch gleich dazu, was es kostet. Um weiterzukommen, brauche er jetzt nur noch je nach gewünschter Auskunft auf seinem Telefon eine bestimmte Zahl zu drücken.

Verärgert über diesen Überraschungsangriff auf seinen Geldbeutel hat er die benötigte Zahl für das Wetter aber gleich wieder vergessen und muss nochmal von vorne anfangen. Er schafft es dann auch, die richtige Zahl für Wetter zu drücken. Nun meldet sich erneut die Dame und flötet ihm ins Ohr, dass er, je nachdem für welchen Tag er die Wettervorhersage hören wolle, wiederum auf dem Telefon eine bestimmte Zahl drücken müsse.

Vor Wut und ohne Brille drückt er darauf los und trifft die Austaste. Auf diese Weise wird ihm noch das ganze weibliche Geschlecht vergällt werden.

Aber wir haben ja unser Fernsehen und das ist für alle da. Hans-Heinrich kann die Wettervorhersage sogar ohne aufzustehen mit einem einzigen leichten Druck auf eine ihm gut bekannte Taste anstellen. Pünktlich erscheint der Wetteransager auf dem Bildschirm. Er tut aber geheimnisvoll und macht es spannend. Zum Schluss sagt er: »Wenn Sie noch Genaueres über das Wetter wissen möchten, können Sie sich unter xxx im Internet informieren.« Das kann Hans-Heinrich nicht, weil er das nicht kann.

Überlegungen über Wetterfrösche – das Sumpfgebiet ist inzwischen wegen Baumaßnahmen melioriert worden – oder wie früher ein Blick in das Fenster des Nachbarn – wo sonst das Wetterhäuschen stand, befindet sich jetzt das ganze Jahr über eine illuminierte Weihnachtskrippe, der Nachbar braucht sie dann nicht zu jedem Advent wieder neu aufzubauen - bringen nichts und das Barometer beim Fremdenverkehrsbüro steht sowieso immer auf ›schön‹.

So schläft Hans-Heinrich aus Angst vor den Vorwürfen der jüngsten Familienmitglieder (»Was müssen wir denn wieder durch die Gegend latschen, bei solchem Wetter mag man ja noch nicht einmal einen Hund vor die Tür jagen!«) in der Nacht vor der geplanten Wanderung sehr schlecht. Bei Tagesanbruch kräht ein Hahn.

Da kommt ihm die Erleuchtung, nun weiß er Bescheid: »Wenn der Hahn kräht auf dem Mist, ändert sich das Wetter – oder es bleibt, wie es ist.«

Das positive Denken

Rüdiger wackelt mit dem Kopf und gibt dabei komische Laute von sich. Wie soll man dabei positiv denken? Er strengt sich an. Was ist eigentlich positiv? Er konzentriert sich, aber seine Gedanken verlieren sich im längst Vergangenen.

»Er watet in einem flachen See. Neben den scharfkantigen Stöpseln, die vom Schilfschnitt aus den vergangenen Jahren herrühren, sitzen sie meist. Nur nicht auf diese Stöpsel treten. Das tut verdammt weh. Da sitzt einer. Er packt ihn kurz hinter dem Kopf, wie es ihm sein großer Bruder gezeigt hat. Dann kann der Krebs mit seinen Scheren nicht an die Finger kommen. Der Fang gelingt, die Scheren fuchteln in der Luft herum, und er steckt ihn in die derbe Tasche noch aus dem Krieg, die er sich um den Bauch gehängt hat.

Die Sonne durchdringt das klare, flache Wasser. Das richtige Wetter dafür. Auf dem vom weißen Sand hellen Grund des Sees kann man die Viecher rechtzeitig sehen und braucht sich nur leise ranzupirschen. Der Fang wird insgesamt gut, und die Stücke hinter den Scheren und die Schwanzstücke werden schmecken, man braucht sie nur in heißes Wasser zu werfen. Seine Mutter …«

Rüdigers Kopf wackelt wieder und mit ihm der Schlauch, der da rausguckt. Er dreht sich an die Wand. Vielleicht kann er dann besser positiv denken. Nun kommt ihm aber seine verstorbene Frau vor

Augen. Als sie noch jung und hübsch und gesund war. Anne ist vor drei Jahren gestorben – auch Krebs. Es fällt ihm ein, dass er viel mit ihr gestritten hat. Oftmals völlig unnötig, wie er jetzt meint. Aber sie war auch ein ganz schönes Luder. Es kommen ihm trotzdem die Tränen. Es währt aber Gott sei Dank nicht lange.

Er will den Krebs besiegen. Sterben wird er nicht. Der Chefarzt hat ihm alles erklärt. Beim Krebs handelt es sich um eine Entartung der Zellen. Die wachsen viel zu schnell und werden viel zu groß, und so erklärt es sich, dass diese Wucherungen entstehen, die in seinem Fall den Darm verengen, ja verschließen, wenn nicht sofort eingegriffen wird.

Bei der Operation wird auch alles kranke Gewebe entfernt, so dass man hoffen kann, dass die Krankheit im Körper nicht weiterwandert. Natürlich kommt es dann auf ihn selbst an. Er muss die Dinge fortan positiv sehen und hoffnungsvoll in die Zukunft blicken.

Es scheppert. Rüdiger hat gestrampelt und muss das Pinkularium in Unordnung gebracht haben. Die Krankenschwester kommt an die Tür und sagt in beruhigendem Ton: »Aber, aber, Herr Milkamovius.«

Das positive Denken ist wieder gestört und er muss wieder neu Anlauf nehmen.

»Anfang letzter Woche waren die Himmelskomiker, pardon, der Pastor und die Schwestern vom heiligen Stift und auch ein Kinderchor da. ›Himmelskomiker‹ hat er auch nicht gesagt. Das war Rüdiger und dann wollte der, während die da sind, auch lieber rausgehen und eine smöken. ›Kann ich jetzt ja machen‹, hat er gesagt,

›der Kehlkopf ist ja sowieso bald futsch.‹ Ist dann aber doch dageblieben und hat geflennt. Der Pastor hat gut gesprochen, und besonders die Frauen und die Kinder haben so schön gesungen, das muss man ihnen lassen.«

Er hat den Gesang jetzt wieder in den Ohren, und wieder fängt er an zu weinen. Er ist in letzter Zeit so empfindlich geworden. Er döst jetzt aber ein und fängt im Halbschlaf an zu träumen. Dabei fällt ihm diese hübsche Geschichte aus Litauen wieder ein, die er vor vielen Jahren einmal gelesen hat, in der der Pastor bei der Predigt an den lieben Gott denken und sagen soll: »Kraft zum Tragen«, der aber stattdessen an seine Frau denkt und sagt: »Taft am Kragen«.